이 책을 선택한 분에게 추천하는
처음북스의 경제경영서 시리즈

| 마케팅 |

열혈 고객을 만드는 1% 마케팅

지은이 **재키후바** | 옮긴이 **이예진** | 감수 **이주형**

외적인 것만 중요한 것이 아니다. '뭔가 중요한 것'을 만들고 있다면 그것을 알려야
한다. 그래야 비즈니스든 삶에서든 승리한다. 1%에 집중하라.
〈보랏빛 소가 온다〉의 세스 고딘 추천!

소셜마케팅 불변의 법칙, 유용성

지은이 **제이 배어** | 옮긴이 **황문창** | 감수 **이청길**

놀라운 기업이 되려 하지 말고, 유용한 기업이 되어라
물건을 팔면 하루치 손님이 생기지만, 도움을 주면 평생 고객이 생긴다.

최고의 마케터는 왜 게임에 주목하는가

지은이 **라자트 파하리아** | 옮긴이 **조미라** | 감수 **김택수**

이제 기업은 물건만 파는 것이 아니라 참여와 동기를 이끌어내야 한다.
소비자와 기업 나아가서는 협력사까지 충성하게 하는 놀라운 방법이 있다.

| 새로운 기회 |

온난화라는 뜻밖의 횡재

지은이 **맥켄지 펑크** | 옮긴이 **한성희**

자원, 물, 영토 전쟁이 시작된다. 그리고 기회도 찾아온다.
기후 변화를 사업 기회로 만들려는 사람들의 이야기.

| 사업 철학 |

생각 좀 하고 살아라

지은이 **야마다 아키오** | 옮긴이 **남혜림**

근무시간 7시간 15분, 잔업금지.
그러면서도 가장 생산성이 높은 회사를 만든 비법과 삶의 자세.

워렌 버핏의 위대한 동업자, 찰리 멍거

지은이 **트렌 그리핀** | 옮긴이 **홍유숙** | 감수 **이정호**

담배꽁초 같은 주식만 줍던 워렌 버핏을 위대한 가치 투자자로 거듭나게 만든 동업
자이자 친구 찰리 멍거의 철학.

| 경영 바이블 |

어떻게 경영할 것인가

지은이 **제임스 맥그래스** | 옮긴이 **김재경**

경영에서 반드시 부딪치게 되는 76가지 문제와 그 해법.
문제를 해결할 즉문즉답을 이 책에서 찾는다.

모든 경영의 답

지은이 **제임스 맥그래스, 밥 베이츠** | 옮긴이 **이창섭**

지금까지 알려진 경영 사상가의 위대한 이론이 한 권의 책에 모여 있다.
경제생활을 하는 모든 직장인에게 반드시 필요한 책.

| 창업과 확장 |

오사카에서 장사의 신을 만나다

지은이 이영호

일본의 부엌 오사카에는 언제나 손님이 줄을 서는 식당이 있다.
왜? 도대체? 어떤 이유 때문에 항상 손님들은 그 집에 가는 것일까?
한국의 자영업자에게 생존 비법을 알려준다.

심플하게 스타트업

지은이 마이크 미칼로위츠 | 옮긴이 송재섭

화장실에서 휴지가 세 마디만 있었도 어떻게든 일처리를 하듯,
최소의 자원을 가지고 창업할 수 있다. 심플하게 시작하라.

초보사장 다국적 기업 만들기

지은이 앤소니 지오엘리 | 옮긴이 조미라

대한민국에서 기업을 성장시킬 수 있는 유일한 방법은 글로벌 비즈니스다.
그러나 어떻게? 이 책은 다국적 기업으로 확정하는 교과서가 될 것이다.

| 이슬람 금융 |

이슬람 은행에는 이자가 없다

지은이 해리스 이르판 | 옮긴이 강찬구

이자를 받을 수 없는 이슬람 은행은 도대체 어떤 시스템으로 금융을 움직일까?
이슬람은 미래의 투자 상품이 될 수 있을까?

베인앤컴퍼니의
신사업 발굴
컨설팅

거꾸로 보면
패턴이
보인다

베인앤컴퍼니의 신사업 발굴 컨설팅
거꾸로 보면 패턴이 보인다

초판 1쇄 발행 2014년 3월 27일
2판 1쇄 발행 2016년 5월 9일

지은이 이지효
발행인 안유석
편집자 이상모
편집 전유진
표지디자인 박무선
펴낸곳 처음북스

출판등록 2011년 1월 12일 제 2011-000009호
전화 070-7018-8812 팩스 02-6280-3032
이메일 cheombooks@cheom.net

홈페이지 cheombooks.net 페이스북 /cheombooks
ISBN 979-11-85230-09-2 03320

베인앤컴퍼니의
신사업 발굴
컨설팅

거꾸로 보면
패턴이
보인다

이지효 지음

도대체

무엇을 해야 할지

모르겠다면, 이 책을 펼쳐보라.

새로운 사업을 발굴하는

첫 번째 발걸음을 뗄 수 있을 것이다.

처음북스

저성장 시대, 어느 때 보다 신 성장 동력 발굴이 화두다. 성장은 기업에게 는 산소와 같다. 성장 없이는 영속 기업 실현은 불가능하다. 기업에게 성장 이란 단순한 규모 키우기의 의미가 아니라 생존 노력 그 자체다. 기업들이 필사적으로 신규 사업 발굴 노력을 하는 이유다.

문제는 이것이 쉽지 않다는 것이다. 기업들이 현금을 다량 보유하고도 투자를 소홀하게 한다는 비판성 기사가 언론에 종종 실리곤 한다. 배경을 보면 투자를 안 하는 것이라기보다 신규 투자처를 못 찾고 있다고 하는 것 이 옳을 것 같다. 기업은 모두 저마다의 고유한 성공공식이 있다. 이들 공 식은 성공한 기업일수록 매우 잘 내재화 되어있다. 그러나 오늘의 성공 DNA가 미래 사업 발굴에 장애물이 되기도 한다. 차별적 또는 새로운 관점에서 시장을 바라 보지 못하기 때문이다. 또한, 설령 외부의 도움을 받아서 차별적 기회가 발굴 되더라도 기존 성공 공식에 최적화된 내부 의사결정 기준을 통과하는 것은 매우 어려운 일이다. 저자가 서문에서 밝혔듯이 경영 컨설턴트로서 가장 다루기 어려운 주제가 신규사업발굴이란 것은 바로 이 때문이다. 차별적 대안을 만들기도 어렵고 혹 만들더라도 내부 설득을 통한 성과 창출이 쉽지 않다. 신규 사업 발굴은 차별적 관점과 함께 차별적 관점하의 신사업 의미를 의사결정 과정에 참여하는 모든 임직원이 논리적으로 이해하고 공유할 때 가능하다.

이러한 배경에서 볼 때 저자의 '컨트라리언 접근법'은 새로운 사업 기회 발굴을 노력 중인 독자들을 위해 매우 유용할 것으로 확신한다. 첫째, 신규 사업 관련 서적의 일반적 오류인 당위적 접근 방법이 아닌 실전적이면서도 논리적 이해가 용이한 방법론을 매우 구체적으로 제시하고 있다. 둘째, 기업의 CEO에서부터 기획 담당자에 이르기 까지 누구나 읽어도 쉽게 이해하고 공유할 수 있도록 다양한 기업의 신규 사업 발굴 사례를 담고 있다. 이는 사업 투자 의사결정에 공유된 투자 관점을 공유 함으로서 기업이 보다 효율적인 의사결정을 하도록 도울 것이다. 셋째, 기업들의 확장적인 측면에서뿐 아니라 창업을 고민하고 있는 분들에게도 새로운 사업 기회를 발굴할 수 있는 다양한 방법론을 제시하는 좋은 지침서 역할을 할 것이라 기대한다.

이 책을 통해서 오랜 현장 체험 – 경영컨설턴트 및 투자자로서 – 에 기반한 저자만의 인사이트가 많은 독자들과 공유 될 수 있어 매우 기쁘다. 수

년간의 2만불 시대를 벗어나고 있지 못하고 있는 우리다. 우리 모두에게 절실한 '성장'을 한층 더 체계적으로 열어 갈 수 있도록 혜안을 던져준 저자에게 꼭 고맙다는 말을 전하고 싶다.

홍범식
Bain & Company
아태정보통신부문 대표

차례

서문

    신사업. 가슴을 뛰게 하는 일이기도 하지만 막막하기도 한 주제다. 컨설턴트로 오랫동안 일하면서도 가장 많이 고민했던 프로젝트들은 대부분 신사업에 관한 것들이었다. 실제로 많은 경영진뿐 아니라 컨설턴트 본인들조차도 과연 신사업 탐색이라는 일을 컨설턴트가 잘할 수 있는지 의문을 갖고 있기도 하다. 컨설턴트란 직업이 논리적 사고와 산업, 경영에 대한 지식을 바탕으로 고객 회사의 문제를 해결해 주는 것을 목적으로 하고 있기는 하지만, 신사업은 논리보다는 창의성이 중요하고, 지금까지는 생각하지 못했던 천재적인 혁신을 필요로 하는 것이 아닌가라는 생각들 때문이다.

    하지만 성공을 거두었던 세상의 많은 신사업을 들여다보면, 꼭 그런 것만은 아니다. 대부분의 신사업은 완전히 창의적인 아이디어에서 시작한 것이 아니라, 누구나 생각할 수 있었던 기회를 남들보다 한 발 빠르게 발견했거나, 아니면 남들은 무시하고 있던 기회들을 다른 시각에서 접근함으로써 찾은 것들이 대부분이다. 컨설턴트로서 유통, 전자, 중공업, 통신 등 다양한 고객 기업과 신사업을 고민하면서 성공적인 신사업의 많은 예들을 들여다본 결과 품게 된 질문은 바로 이것이었다.

"어떻게 하면 남들보다 빨리 미래에 성장할 기회들을 찾아볼 것인가?"
"어떻게 하면 남들이 놓치고 있는 기회들을 알아챌 것인가?"

그러던 와중에 잠시 컨설팅을 떠나 사모펀드와 헤지펀드 같은 투자업계에서 일할 기회가 생겼다. 재미있게도 투자를 하는 사람들도 완전히 같은 고민을 하고 있었다. 내가 품고 있던 두 가지 질문이 오히려 투자업계에서는 가장 본질적인 질문이었던 것이다. 여러 투자 기법 중에서 특히 관심을 끈 것은 '컨트라리언 접근방법(Contrarian Approach; 역발상 접근 방법)'이라는 것이었다. 남들보다 싸게 주식을 사서 비싸게 팔 기회들을 찾는 게 그들의 임무인데, 남들의 생각과 의도적으로 반대로 생각해 봄으로써 혹시나 있을지도 모르는 매력적인 투자기회를 찾고자 하는 접근 방법이다. 아마도 가장 유명한 주식투자자일 워렌 버핏(Warren Buffet)은 "주식에 투자하기 가장 좋은 때는 시장이 침체하여 모든 주식이 싸게 거래되는 때다"라고 했는데 컨트라리언 접근방법의 본질을 설명해주는 좋은 예일 것이다. 그렇다고 시장과 무조건 반대로 행동해서는 돈을 벌 턱이 없다. 컨트라리언 접근방법은 기본적으로 시장과 대중의 행동이 경제나 산업에 대한 본질적이고 장기적인 이해에 기반한다기보다 표면적이고 단기적 반응에 의해 이루어질지도 모른다라는 가정에서 출발한다. 따라서 남들이 뭐라고 하든, 경제와 산업 그리고 기업의 본질적 가치가 어떤지를 논리적으로 뜯어보면, 남들이 아직 보지 못하고 있거나 잘못 생각하고 있는 것들을 찾아낼 수 있고, 이는 본질적 가치보다 훨씬 낮은 가격(또는 높은 가격)에 있는 주식을 찾아냄으로써 투자기회를 가져다 줄 것이라는 것이다. 실제로 주식시장에는 이런 역발적은 접근방법을 통해 큰 돈을 번 투자자들이 많다.

'그렇다면, 같은 논리가 신사업에서도 적용될 수 있지 않을까'라는 것이 다시 컨설팅 업계로 돌아온 다음 품은 생각이었다. 이후, 여러 고객사의 신사업 프로젝트들을 수행하면서 운 좋게도 이런 생각을 적용해볼 기회가 있었고, 명확한 결론을 얻게 되었다.

신사업을 찾는 방법론으로서 이런 컨트라리언 접근방법은 매우 강력한 수단이 될 수 있다. 실제로 많은 산업에서 기존 기업이 놓치고 있는 기회가 존재한다. 그리고 이는 새로운 사업을 찾는 사람과 기업에게 좋은 기회다. 이를 찾아내는 데에는 투자업계에서의 컨트라리언 접근방법과 같은 방식의 사고가 도움이 된다. 바로 이것이 이 책을 쓰게 된 이유다. 컨트라리언 접근방법은 창의적 사고보다는 논리적 사고에 의존한다. 기존 기업, 애널리스트, 시장분석가가 이야기하는 것을 무작정 믿지 말고, 실제 사실이 무엇인지를 논리적으로 뜯어보고, 가치사슬 앞 단의 기업, 뒷 단의 기업들이 어떻게 생각하는지, 이러한 생각 간에 서로 상충되는 것들은 없는지를 합리적인 사고에 기반하여 검토해 봄으로써 놓친 기회를 찾고자 하는 것이다. 이는 기존 기업들과 다른 방식으로 접근해야만 하는 신사업자에게도 명확한 기회를 제공해 줄 것이다. 실제로 여러 프로젝트에서 이를 적용하면서 이런 확신은 더욱 커졌다.

물론 이 방법이 신사업을 찾는, 무조건적인 답은 아니다. 투자업계에서 투자기법은 수백, 수천 가지가 존재한다. 신사업에서 스티브 잡스와도 같은 천재적 혁신가가 내는 아이디어를 찾는다면 사실 컨트라리언 접근방법으로는 적합하지 않다. 하지만 컨트라리언 접근방법은 신사업을 찾을 때 논리적이고 합리적인 사고를 바탕으로 차근차근 사실을 뜯어가는 과정을 중심으로 한다는 데에 가장 큰 의의가 있다. 다시 말하면 천재도 아니고, 창의력도 높지 않은 저자 본인이나 컨설턴트들, 그리고 일반 기업에서 적용해 볼 수 있는 좋은 대안이라는 점은 분명하다.

이 책은 실제로 신사업을 찾는 과정에 컨트라리언 접근방법을 어떻게 적용할 수 있을지를 설명하기 위해서 썼다. 여기서 설명한 아이디어는 다양한 곳에 적용할 수 있을 것이다. 새로운 사업 아이템을 찾는 컨설턴트나 대기업의 기획부서는 물론, 사업가나 창업을 꿈꾸는 사람들 모두에게 도움이 될 수 있기를 기대한다. 그런 생각을 하며, 이 책을 쓰는 과정에서 크게 두 가지에 역점을 두었다. 한 가지는 과연 컨트라리언 접근방법이 무엇인지를 이해할 수 있도록 다양한 사례들을 보여주고자 한 것이고, 다른 한 가지는 이런 사례들로부터 찾아낸 시사점들을 바탕으로 실제 업무에서 적용이 가능하도록 체계적인 접근방법을 제시하는 것이다. 이를 위해 이 책은 크게 세 개의 파트로 구분했다. 첫 번째 파트에서는 우선 간단히 신사업의 중요성과 신사업을 위한 컨트라리언 접근방법이라는 것이 무엇인지에 대한 개념을 설명하였다. 두 번째 파트에서는 신사업의 성공과 실패에 대한 구체적 사례를 들며 실제로 어떻게 컨트라리언 접근방법으로 신사업기회를 발굴하는지를 보여주고자 했다. 마지막으로 세 번째 파트에서는 실제 신사업을 찾는 업무에서 컨트라리언 접근방법을 어떻게 적용할 것인지를 다루었다. 이를 통해 보다 체계적으로 폭넓은 탐색이 가능할 것이라 믿는

다.

이 책은 지금까지 10년이 넘게 컨설팅 업계에서 본인을 지도하고 조언해 주었던 스승과 선배, 그리고 항상 치열하게 고민을 나누던 베인앤컴퍼니의 동료와 후배들이 아니었다면 나올 수 없었을 것이다. 아무것도 모르던 시절에 산업을 분석하는 사고의 틀을 만들어 주신 서울대학교의 박용태 교수님, 컨설팅 업계로 이끌고 조언을 아끼지 않아준 홍범식 파트너와 신문섭 파트너, 그리고 현실에 안주하지 않고 항상 도전할 수 있는 기회를 준 신종원 대표와 이성용 대표께 감사 드린다. 그리고 무엇보다 항상 좋은 토론 상대가 되어주고, 옆에서 기운을 북돋아 준 아내와 새로 태어난 딸에게 감사의 말을 전하고 싶다.

마지막으로 누군가와 신사업기회를 이야기할 때 흔히 받는 부정적인 반응에 대해 이야기하고 싶다. 세상에 완전히 새로운 기회는 많지 않다. 아마 여기 나와 있는 성공사례나 이 책에서 제시하는 방법을 통해서 찾아낼 수 있는 기회에 대해서도 어떤 사람들은 이야기할 것이다. "그래서 뭐. 그 정도는 누구나 생각할 수 있는 것 아니야?" 그럼에도 불구하고 신사업을 찾기 위해 노력하는 세상의 많은 기업인들과 컨설턴트들에게 응원을 보내면서 잘 알려진 그림 하나로 답을 대신한다.

이지효

달걀을 깨뜨리는 콜롬버스(Columbus Breaking the Egg)
(윌리엄 호가드(William Hogarth; 1697~1764) 作, National Portrait Gallery, London)

PART 1.

신사업 탐색의 중요성과
컨트라리언
접근방법에 대한 이해

1

신사업이 중요해지고 있다

급변하는 21세기의 사업 환경

최근 기업환경의 변화를 세 단어로 설명하면 '세계화', '속도', 그리고 '불확실성'으로 요약할 수 있다. 정보통신을 중심으로 한 기술의 급속한 발전으로 전 세계가 서로 점점 더 가까워지고 있고, 지역적으로 이루어지던 경쟁이 이제는 글로벌한 경쟁으로 바뀌어가고 있다. 우선 세계화라는 관점에서 특히 중요한 것은, 속도나 상황은 다르더라도 기본적으로 시장의 진화방향이 동조화되고 있다는 것이다. 과거에는 국가별로 특성이 다 다르고, 시장의 진화 형태 또한 서로 다른 모습을 보였으나, 최근에는 경제발전 정도는 다를지 몰라도 진화의 방향성이 유사해지는 모습을 보이고 있다. 또한 과거에는 '내수' 또는 '로컬' 사업으로 여겨지던 산업조차도 최근에는 점점 더 '글로벌'한 경쟁으로 구도가 변화하고 있다. 예를 들어 전형적인 내수산업으로 여겨지던 의류사업도 최근에는 글로벌 선진 기업들이 여러 국가에서 동시에 성공적인 확장을 전개하고 있다. 한국에서 최근 급속하게 성장하고 있는 자라(Zara), 유니클로(Uniqlo)와 같은 의류 브랜드가 좋은 예일 것이다. 다른 예로, 통신사업에서는 성장이 정체되면서 다른 나라의 통신업체를 인수/합병하여 글로벌화하는 성장전략이 확산될 것으로 점쳐지고 있다. 얼마 전에는 일본의 3위 이동통신업체인 소프트뱅크(Softbank)가 미국의 스프린트(Sprint)를 인수했으며, 최근에는 미국의 에이티앤티(AT&T)가 유럽의 통신업체를 인수할 가능성이 높아지고 있다는 관측이 있다.

두 번째의 특징은 속도다. 21세기 들어 주요 산업들에서 일어난 변화의 속도와 폭은 20세기와는 근본적으로 다르다. 빠르게 변할 것이라 누구나 생각할 수 있는 정보통신산업은 차치하고라도 가장 보수적이고 느린 산업이라는 에너지 산업에서조차 급격한 변화를 겪고 있다. 21세기 들어 일어난 큰 변화만 생각해봐도 2000년대 초반의 심해유전개발 활성화에 뒤이어 2000년대 중반 급격한 유가 상승과 이에 따른 태양광, 풍력과 같은 대체에너지가 각광을 받는가 싶더니, 곧 버블이 붕괴되자마자 이번엔 셰일가스(Shale gas)라는 새로운 에너지원이 각광을 받다가 최근에는 타이트오일(Tight oil)이라는 새로운 석유자원이 큰 관심을 불러일으키고 있는데, 이러한 변화의 속도와 정도는 기존의 에너지 산업을 생각해 보면 상상조차 하기 어려운 수준이다.

마지막으로 또 하나의 중요한 특징으로 불확실성의 증가를 빼놓을 수 없다. 세계화는 사업을 수행하는 데에 고려해야 할 변수를 엄청나게 복잡하게 만들었다. 미국과 중국의 경기 변화, 유럽 국가의 국가부채 상황이 한국 기업에게 직접적으로건 간접적으로건 영향을 미치고 있고, 전략을 수립하는 데에 다양한 외생변수들을 고려해야만 하는 상황이 되었다. 여기에 더해 급속하게 변화하는 사업환경은 미래에 대한 불확실성을 크게 높여 놓았다.

위협과 기회, 그리고 신사업의 중요성

　이러한 사업환경의 변화 탓에 21세기를 살아가는 기업들은 지속적인 사업 안정성에 큰 위협을 받고 있다. 하나의 사업모델만으로 지속적이고 안정적인 성장과 생존이 가능했던 시대가 지나가고 있다. 대부분의 산업에서 21세기의 시작이던, 2000년에서 2010년의 불과 10년 사이에 선도업체의 이름이 크게 뒤바뀌었다. 은행산업에서는 2000년대 초반만 해도 씨티뱅크 (Citibank)가 최대의 은행이었고, 투자은행들이 첨단 금융기법을 주도하면서 산업의 기린아로 각광을 받았으나, 잘 알려져 있다시피 투자은행은 최근의 금융위기를 초래한 주범으로 전 세계적인 문제아 취급을 받았고, 그 사이 중국의 은행들이 세계 금융계 순위를 완전히 뒤바꿔 놓았다.

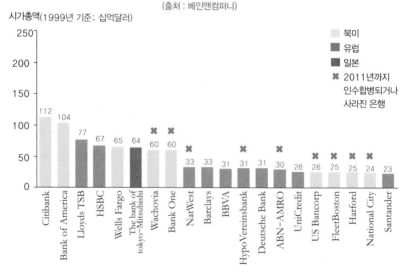

전 세계 20대 은행 순위 변화
(출처 : 베인앤컴퍼니)

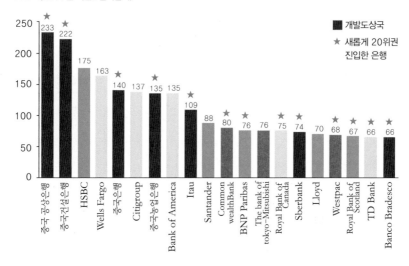

시가총액(2011년 기준; 십억달러)

■ 개발도상국
★ 새롭게 20위권 진입한 은행

자동차산업에서도 지난 100년을 이끌어왔던 미국의 빅3가 몰락하면서 일본의 토요타(Toyota)와 독일의 폭스바겐(Volkswagen) 그룹이 전 세계 자동차 산업의 선두로 뛰어올랐다. 전자산업은 더 심하다. 2000년대 초반을 선도하던 마이크로소프트(Microsoft)는 그나마 명맥을 유지하고 있지만, 한때 통신시장을 주름잡던 알카텔-루슨트(Alcatel-Lucent)가 사라졌고, 소니(Sony), 파나소닉(Panasonic)과 같은 일본 업체들은 생존의 위기에 직면해 있다. 반대로 생겨난 지 10년이 갓 넘은 구글(Google), 아마존(Amazon)과 같은 업체가 시장을 선도하고 있다. 특히 이동전화기 시장에서의 변화는 더욱 극적이다. 2000년대 중반까지 전 세계 이동전화기 시장의 40% 이상을 차지하면서 시장을 주름잡던 노키아(Nokia), 그리고 이동전화기라는 제품을 최초로 만들어 낸 모토롤라(Motorola)는 인수합병되어 브랜드만을 남기고 사라져 버렸고, 애플(Apple)과 삼성전자가 시장을 주도하고 있다.

전 세계 20대 정보통신기업 순위 변화

(출처 : 베인앤컴퍼니)

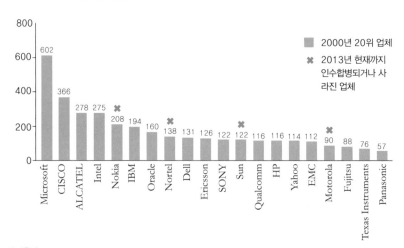

시가총액(2000년 기준; 십억달러)

- ■ 2000년 20위 업체
- ✖ 2013년 현재까지 인수합병되거나 사라진 업체

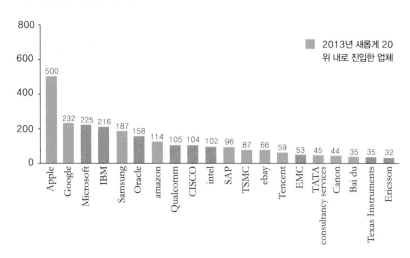

시가총액(2013년 기준; 십억달러)

- ■ 2013년 새롭게 20위 내로 진입한 업체

이런 변화는 기업들에게 지속적인 변신을 요구하고 있다. 기업의 변신은 사업모델의 변화를 의미한다. 결국 기업들은 생존을 위해 새로운 사업모델을 계속 만들어가야 하는 상황에 직면했다. 하지만 이러한 변화가 꼭 위기만을 의미하는 것은 아니다. 앞의 표에서 확인한 것처럼 변화하는 순위는 뒤집어 이야기하면 후발기업이나 신생기업에게는 새로운 사업기회를 발굴 여부에 따라 얼마든지 치고 올라갈 수도 있다는 말이다.

핵심은 앞으로의 기업환경에서 새로운 사업기회의 발굴, 즉 신사업 개발은 기업의 성장과 생존을 위한 가장 중요한 숙제가 되었다는 것이다. 신사업이라는 것은 지금 하고 있는 사업과 완전히 다르고 전혀 거리가 먼 사업을 의미하는 것이 아니다. 기존 사업을 지속적으로 개선하고 혁신해 나가는 모든 과정은 곧 신사업을 찾는 것과 같다. 신사업의 방법론에 대한 고민은 완전히 새로운 사업을 찾고자 하는 경우뿐 아니라 내가 지금 하고 있는 사업을 어떻게 성장하고 개선해 나갈 것인가라는 관점에서도 생각해볼 여지가 있을 것이다.

상시적인 신사업개발의 필요성

사실 신사업이라는 숙제가 지금에 와서 중요해진 것은 아니다. 모든 기업은 성장을 목표로 한다. 주주에게 더 나은 수익을 안겨주기 위해, 조직원들에게 더 많은 기회를 제공하기 위해, 그리고 사회에 더 큰 기여를 하기 위해 성장은 필수다. 하지만 하나의 사업에서 지속적인 성장을 이뤄내기란 결코 쉬운 일이 아니다. 사업 내적으로, 그리고 외적으로 성장의 한계란 존재하기 마련이고, 아무리 잘나가는 사업이라 하더라도 어느 시점에서는 정체를 맞는다. 기업이 지속적으로 성장해 나가기 위해서는 사업의 확장과 진화가 반드시 필요하다. 새로운 사업을 개발하고, 기존의 사업을 탈바꿈시켜 나가는 신사업은 과거에도 모든 기업이 영속적으로 생존하고 성장해 나가려면 반드시 필요한 조건이었다.

지금까지 대부분의 한국 기업은 신사업을 상시적이고 핵심적인 기능이라기보다는 성장이 정체되거나 돌파구가 필요한 특별한 상황에서만 고민하는 것으로 여겨왔다. 그리고 기존의 사업과는 분리된 완전히 별도의 업무로 여겨왔다. 하지만 최근의 기업환경, 즉 빠르게 변화하는 세상에서 신사업은 상시적으로 고민해야 하는 필수 기능이 되어가고 있다. 이미 미국이나 유럽의 선진기업은 신사업을 담당하는 부서를 상시조직으로서 운영하고 있다*. 미래에도 기업이 영속적으로 생존하려면 신사업은 선택이 아닌 필수다.

---

*신사업 추진을 위한 조직에 대한 시사점에 대해서는 14장에서 조금 더 자세히 다뤄보도록 하겠다.

2
신사업을 위한
새로운 접근이 필요하다

기존 신사업 접근의 한계

하지만 신사업을 찾는 것은 간단한 문제가 아니다. 기존에 해오던 사업을 잘하는 것도 어려운데 아직까지 한 번도 해보지 않았던 매력적인 사업 기회를 발굴한다는 건 분명 쉽지 않은 일이다. 그런데 신사업을 찾는 많은 시도들을 살펴보면, 접근 자체가 잘못되어 있는 경우가 많다. 무엇보다 고민이 잘못되어 있다. 많은 경우, '어떤 아이디어를 찾을 것인가'보다는 '어떤 아이디어를 고를 것인가'를 고민하고 있다. 신사업을 찾는 과정에서 새로운 아이디어를 발굴하기보다는 기존 시장에 존재하고 있는 아이디어들을 그대로 받아들인 뒤에, 이 중에서 무엇을 고를지에 더 많은 신경을 쓴다. 그러다 보니 남들이 모두 알고 있는 아이디어, 이미 남들도 열심히 준비하고 있는 아이디어들을 놔두고 고민하게 되는 것이다.

잠깐 여기서 신사업을 찾는 일반적인 프로세스에서 무슨 일이 벌어지는지를 한번 생각해보자. 많은 조직에서 신사업을 찾는 접근 방법은 대동소이하다. 트렌드나 산업 동향, 경쟁사 동향 등을 조사하여, 생각할 수 있는 다양한 사업기회들을 모아 나열하고, 이를 몇 가지 기준으로 평가한 후 우선순위를 매기는 것이 전부다. 이 순서 자체는 잘못된 것이 아니다. 문제는 구체적인 실행과정에 있다. 우선 사업기회 리스트를 만드는 과정부터 생각해보자. 기존 기업들이 하고 있는 사업들을 조사하고, 애널리스트와 산업분석가의 리포트들을 모아 리스트를 만든다. 객관적 시장조사기관의 리포트를 긁어 모아 사업기회에 대한 시장규모와 성장률을 수치화한다. 그렇게 시장에 존재하는 사업기회들의 긴 리스트를 만든 다음에는 우선순위를 정해 볼 차례다. 가장 일반적으로 생각하는 기준은 바로 '사업매력도'와 '성공가능성'을 두 기준으로 2X2 매트릭스에 그려보는 것이다.

문제는 이렇게 열심히 작업하여 나온 결과물이 마뜩지 않은 경우가 대부분이라는 점이다. 우선 1사분면, 객관적인 사업매력도도 높고, 나만의 성공가능성도 높은 사업이 가장 매력적인 신사업기회임은 당연하다. 그러나 대부분의 경우에 이런 기회는 잘 없다. 신사업이라는 사실을 생각해보면,

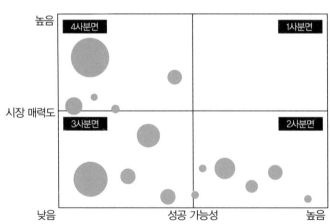

신사업 우선순위 및 선정을 위한 2X2 매트릭스

이는 당연하다. 지금 내가 제대로 사업을 벌여왔다면 남들보다 훨씬 더 잘할 수 있으면서 객관적 매력도 높은 사업을 아직 안 하고 있었을 리가 없다. 3사분면은 간단하게 무시할 수 있다. 따라서 현실에서 고민하게 되는 기회들은 대부분 2사분면과 4사분면에 놓이게 된다. 즉, 내가 잘할 가능성은 높지만, 매력도가 떨어지거나(2사분면), 매력도는 높지만 내가 잘할 가능성이 낮은(4사분면) 기회가 대부분인 경우가 많다. 대부분의 기업들은 이런 상황에서 4사분면의 기회를 우선적으로 검토한다. 하지만 4사분면의 기회를 막상 잡으려 하면 심각한 문제가 있다. 누구에게나 매력적으로 보이는 기회인 만큼 성공 가능성은 높지 않다. 지금이라도 시작하자니 이미 앞서 출발한 경쟁자도 많을 게 뻔하고, 시간을 줄여보겠다고 M&A라도 하려 하면 이미 가격이 높아져 있기 마련이다. 과연 이런 기회가 나에게 좋은 성장 기회를 제공해줄 수 있을까? 아마도 쉽지 않을 것이다. 결국 열심히 기회를 찾아봤지만, 매력적인 기회는 발견되지 않는다. 이런 현상이 생기는 가장 큰 이유는 새로운 기회를 찾아내는 과정에서 '찾아내기'보다는 '골라내기'에 집중했기 때문이다. 보통 2X2 매트릭스의 세로축을 볼 때는 객관적인 '팩트'에 집착하게 되고, 그러다 보니 남들이 이야기하는 숫자, 모든 사람이 알고 있는 숫자에 의존하게 된다. 얼핏 당연하다고 생각할 수도 있지만, 사실 기업의 사업개발 담당자들을 만나보면 이런 문제점을 알고 있다.

"신사업을 하는 데 가장 어려운 건 남들과 다른 시각을 가져야 한다는 겁니다. 남들이 다들 좋다고 생각하는데 무슨 기회가 있겠어요. 남들은 별거 아니라고, 또는 어렵다고 생각하는 기회를 잡아내야 진정한 신사업이죠"

"신사업 투자의 묘미는 남들이 아직 모르는 걸 발굴해서 키우는 데 있습니다. M&A를 한다고 해도 좋은 걸 비싸게 사는 건 누구든지 할 수 있죠. 그게 무슨 의미가 있습니까? 좋은 걸 싸게 사야 제대로 된 투자죠!"

왜 남들과 같은 시각으로 신사업을 찾아내고 골라내려고 하는가? 저 2X2 매트릭스가 잘못되었다는 이야기가 아니다. 2X2 매트릭스에 찍을 점을 찾아내고, 그 점의 위치를 계산해내는 과정에 문제가 있다. 신사업을 찾기 위한 핵심은 다양한 사업기회 중에 무얼 고를 것이냐 이전에, 제대로 된 사업기회 자체를 찾아내는 데 있다. 대부분의 신사업 관련 서적을 살펴보면 두 가지 부류가 있다. 하나는 트렌드 서적 그리고 다른 하나는 방법론에 대한 서적인데, 문제는 둘 사이가 비어 있다. 큰 개념의 트렌드에서 이야기하는 기회는 너무나 막연하고, 방법론은 모두 다 '어떻게 고를 것인지'에 초점을 맞추고 있다. 가장 중요한 트렌드를 가지고 구체적 기회를 어떻게 찾아낼 것인지에 대해서는 제대로 설명이 주어지지 않는다. 자, 어떻게 매력적이고 새로운 아이디어를 찾아낼 것인가?

이 책에서 논의하고자 하는 것이 바로 이것이다. 제대로 된 신사업 기회를 찾아내기 위해서는 남들과는 다른 시각이 필요하다. 그런데 남들과는 다른 시각, 새로운 기회를 만들어보자는 것 또한 새로운 이야기는 아니다. 최근 유행하는 '혁신'이 바로 그렇다.

혁신(革新) [명사] 묵은 풍속, 관습, 조직, 방법 따위를 완전히 바꾸어서 새롭게 함

스티브 잡스가 만들어 낸 스마트폰과 태블릿, 래리 페이지(Larry Page)와

세르게이 브린(Sergey Brin)이 만들어낸 구글과 같은 멋진 혁신을 바탕으로 신사업을 하는 것은 사실 모든 사람의 꿈이다. 하지만 현실에서 대부분의 기업에서 이런 혁신을 기대하는 건 무리다. 천재적인 창의성과 진취적인 기업가 정신이 가장 중요한 이런 사업기회는 찾아내기도 어렵거니와, 찾아낸다 하더라도 일반적인 기업에서 채택된다는 것은 불가능에 가깝다. 안정적이고 지속적인 사업수행과 성장을 추구하여야 하는 정상적인 기업이라면, 당연히 새로운 사업기회를 채택하면서 논리적이고 합리적인 검증을 요구하기 마련이다. 아직 세상에 누구도 본 적이 없는 아이템이 팔릴 것인지를 어떻게 합리적으로 판단할 것인가? 물론 여러 기업이 이런 창의적인 아이템을 찾고, 이를 발굴하기 위한 창조적인 문화를 육성하겠다고 말하고 있으나, 이는 핵심사업에는 영향을 주지 않는 작은 규모로는 시도해볼 수 있을지 몰라도 진정한 성장을 위한 새로운 핵심사업을 찾으려는 방법으로는 적합하지 않다. 이런 아이템을 찾더라도 위험을 무릅쓰고 모든 노력을 기울여 뛰어들 수 있는 일부 사업가만이 추진할 수 있을 것이다. 기업 내에서 사업가 정신을 육성한다는 것은 어떤 관점에서 보더라도 한계가 있을 수밖에 없다. 논리를 바탕으로 고객을 설득해야 하는 컨설턴트, 경영진을 설득해야 하는 기업 내 신사업 담당자에게 혁신적인 신사업기회를 찾아서 이를 증명하라고 하는 것은 어불성설이다. 이런 멋진 혁신은 천재와 모험적인 기업가의 몫으로 남겨두자. 정 찾아보겠다고 한다면 어떻게 혁신을 일으켜서 지금까지 없었던 시장을 만들 것인가를 이야기한 김위찬 교수의 『블루 오션 전략』을 비롯해 많은 좋은 서적이 이미 많이 있다. 지금 이 책에서 찾아보자고 하는 신사업기회는 혁신을 어떻게 찾는가에 대한 이야기가 아니다.

신사업기회의 본질은 아직 세상에 존재하지 않는 혁신을 만들어 내는 데 있지 않다. 우리가 찾아내야 하는 신사업 대부분은 이미 어디엔가 존재하고 있는, 하지만 아직 남들은 모르는 기회다. 우리가 다루고자 하는 주제가 바로 이것이다. 어떻게 남들과는 다른 시각을 갖고 남들은 아직 발견하지 못한 기회를 찾아낼 것인가?

사업이 아닌 투자에서는 어떻게 기회를 찾는가?

큰 의미에서 경영에는 두 가지 종류의 모델이 있다. 한 가지는 실제 서비스, 재화를 만들고 제공하여 그 대가로 돈을 버는 '사업'이고, 다른 하나는 돈을 굴려서 돈을 만들어 내는 '투자'다. 여기서 우리는 사업을 이야기하고 있지만 잠깐 투자 쪽으로 눈을 돌려보자. 투자 영역이야말로 남들이 아직 못보고 있는 기회들을 찾아내는, 좋은 기회를 싸게 사는 일이 전부인 영역이다. '사업'의 영역에서는 '혁신'을 통해 아직 남들이 만들어 내지 못했던 서비스, 재화를 만드는 사람들에 관심이 쏠려 있지만, '투자'의 영역에서는 남들과는 다른 눈으로 남들이 보지 못하는 기회를 찾아내는 사람들에게 관심이 쏠려 있다. 한번 유명한 투자자들을 떠올려 보자. 워렌 버핏(Warren Buffet), 조지 소로스(George Soros), 짐 로저스(Jim Rogers), 존 템플턴(John Templeton) 정도는 어떤가? 이 네 사람 정도라면 가장 성공적인 투자자들이라고 해도 크게 이견이 없을 것이다.

워렌 버핏은 장기적 관점의 가치투자자로 잘 알려져 있는데, "주식에 투자하기 가장 좋은 때는 시장이 침체하여 모든 주식이 싸게 거래되는 때다"

조지 소로스　　　　　존 템플턴　　　　　짐 로저스　　　　　워렌 버핏

라는 인터뷰를 통해 그 투자철학을 쉽게 이해할 수 있다. 버핏은 시장이 침체된 시점마다 적극적인 추가 투자를 해서 많은 수익을 거두었다.

존 템플턴은 1930년대 미국 대공황 때 1만 달러를 빌려 주가가 1달러 이하로 떨어진 주식들만 100개를 골라서 100주씩 투자하여 경기가 회복되자 큰 돈을 번 일화로 유명하다.

조지 소로스는 시장이 급격하게 변화하는 시점에 시장의 다수와는 반대되는 방향으로 과감히 투자해 큰 수익을 내는 것으로 유명하다. 가장 잘 알려진 일화는 1992년 영국 정부가 가치를 유지하려고 노력하던 파운드화에 대한 과감한 공매도 투자로 단 하루 만에 1조 원의 수익을 올렸던 일이다.

조지 소로스와 함께 퀀텀펀드를 창업한 동업자였던 짐 로저스는 극도의 침체기를 겪고 있던 에너지 시장에서 1990년대 후반부터 장기적 성장에 베팅하여 큰 성공을 거둔 커머디티 투자의 대가로서 2000년대에는 중국에 집중 투자해서 다시 한번 성공을 거두었고, 최근에는 식량과 농업에 적극적으로 투자하고 있다.

이 네 명의 투자자들은 혁신적 투자방법을 찾았다거나 혁신적 기업을 발견했기 때문에 성공한 게 아니다. 이들의 공통적인 성공요인은 남들과 다른 시각을 가졌다는 데에 있다. '투자' 영역에서는 이들과 같이 남들과 다른 시각에 기반하는 투자자들을 일컫는 용어가 있다. 바로 '컨트라리언 인베스터(Contrarian investor)'라는 단어다. 한글로는 '역발상투자가' 정도로 번역할 수 있는데, 시장과 기업들의 가치를 남들과 다른 시각으로 해석함으로써 좋은 투자기회들을 만들어 내는 투자자들을 말한다. 실제로 일부러 이러한 시각을 가지려는 노력을 통해 투자기회를 발굴하려고 하는 접근 방법을 '컨트라리언 인베스팅(Contrarian investing; 역발상 투자기법)'이라고 부른다.

잠깐! 만약 '투자'라는 경영의 한 축에서 이런 방식이 성공적으로 작동한다면, 다른 한 축인 '사업'에도 적용할 수 있지 않을까? 더군다나 신사업이라는 것을 사업으로서 수행하는 투자라고 생각해 본다면 더더욱 잘 맞을 만한 방법론이 아닐까? 여기서 이야기하려고 하는 주제는 바로 이것이다.

새로움이 아닌 다름이 필요하다

세상 대부분의 성공적인 사업은 새로움이 아닌 다름에서 나왔다. 가까이 한국에서 성공한 사업들을 생각해보자. 삼성전자는 어떻게 메모리 반도체 사업에 진입해서 세계 1위 업체가 될 수 있었을까? 현대중공업은 어떻게 조선산업에 진입해서 세계 1위가 될 수 있었을까? 이병철 회장이나 정주영 회장은 이 세상에 없던 사업을 창조해낸 혁신가가 아닌 남들과 다른 시각으로 사업들을 보았던 전형적인 '컨트라리언'이었다.

'컨트라리언' 역발상의 달인

과연 컨트라리언이란 누구인가? 잠깐 사전적인 정의를 찾아보자.

"A Contrarian is a person who takes up a contrary position, especially a position that is opposed to that of the majority, regardless of how unpopular it may be."

컨트라리언이란 얼마나 인기가 없고 반대가 심한가와 상관없이 다수의 의견과는 반대되는 의견을 견지(堅志: 굳게 믿는 바를 지킴)하는 사람이다.

역사상 대표적인 컨트라리언을 골라보자면 모든 사람들이 태양이 지구 주위를 돈다고 믿던 중세 시대에 지구가 태양을 돈다는 지동설을 주장했던 갈릴레오 갈릴레이(Galileo Galilei), 모든 사람이 인도를 가기 위해 동쪽으로 떠나던 상황에서 지구는 둥글다고 믿고 서쪽으로 배를 몰았던 크리스토퍼 콜롬부스(Christopher Columbus), 그리고 창조론에 대항하여 진화론

대표적인 컨트라리언들

갈릴레오 갈릴레이

찰스 다윈

크리스토퍼 콜롬버스

을 주창한 찰스 다윈(Charles Darwin)을 우선 꼽아 볼 수 있을 것이다. 갈릴레이가 교회에서 종교재판에서 억지로 천동설에 동의하고 나오면서 '그래도 지구는 돈다'고 이야기했다는 일화는 컨트라리언의 자세를 잘 보여준다. 이들은 단순히 다수의 의견에 반대만 했던 것이 아니다. 다른 사람들은 당연하게 받아들였던 문제를 진지하고 깊은 탐구를 바탕으로 확인하고 객관적인 시각으로 몇 번씩 되묻는 과정을 통해 발견해 낸 스스로의 진실에 몰두했을 뿐이었다. 남들이 모두 믿는 것을 그저 따라가는 것이 아니고 스스로 답을 찾아내려고 노력함으로써 이들은 남들이 미처 보지 못한 진실을 발견했고, 위인으로 남았다. 이것이 신사업을 찾을 때 갖춰야 할 가장 중요한 자세다.

컨트라리언 인베스팅의 원칙

그럼 신사업 발굴을 위한 컨트라리언 접근방법을 살펴보기 전에 잠깐 컨트라리언 인베스팅을 짚어보자. 컨트라리언 인베스팅의 원칙은 크게 세 가지로 정리해볼 수 있다.

첫째, 시장에서 초과수익을 달성하기 위해서는 시장의 컨센서스와는 다른 시각이 필요하다는 믿음에서 출발한다.

둘째, 의도적으로 시장의 컨센서스에 도전하고 의문을 제기함으로써 시장의 컨센서스가 가진 결점을 찾아내고, 투자기회를 발굴하여 차별화된 수익을 달성하고자 한다.

셋째, 이를 위해서 경제, 산업, 기업의 사이클 및 동향에 대한 자신만의 관점을 구축하기 위해 노력함으로써 시장의 다수와는 다른 시각을 견지한다.

어떤가? 신사업을 찾는 데에도 쓰일 법하다는 생각이 들지는 않는가? 이 원칙을 통해 많은 투자자들이 성공적인 투자기회를 찾아냈다. 그러면 원칙을 머리에 담아두고 과연 신사업을 성공적으로 발굴한 기업은 어떻게 찾아냈는지 한번 살펴보자. 그러고 나서 다시 신사업을 발굴하는 구체적인 방법에 대해 논의해 볼 것이다.

3

어떻게 남들은
신사업들을 찾아냈는가?

신사업 발굴의 핵심질문

앞서 논의한 바와 같이 매력적인 신사업을 찾는 핵심은 결국 남들이 아직 발견하지 못한 것을 발견하는 데에 있다. 그것이 이미 세상에 존재하는 사업모델이라면 남들이 아직 보지 못한 매력을 찾아낼 수 있어야 하고, 그게 아니라면 아직 존재하지 않는 사업모델을 생각해 내야 한다. 결국 신사업을 찾는 핵심질문은 다음의 두 가지로 정리해 볼 수 있다.

신사업을 찾기위한 두가지 핵심 질문

이미 존재하고 있는 사업들에 대한 차별화된 시각	새로운 사업모델을 위한 차별화된 접근
기존 기업이 이해하고 있는 것과 앞으로의 성장성, 수익성을 다르게 해석할 수 있을 가능성이 있는가?	현재 존재하지 않고 있으나 앞으로 매력적인 기회가 될 수 있는 차별화된 사업모델을 발굴할 수 있을 것인가?

간단한 질문이지만 어떻게 해야 그 답을 낼 수 있을 것인지는 완전히 다

른 이야기다. 구체적인 방법론을 이야기하기 전에 우선 성공적으로 신사업을 발굴한 몇 가지 사례를 살펴보자.

심해유전개발의 기린아, 시드릴

시드릴(Seadrill)은 노르웨이의 선박왕인 존 프레드릭센(John Fredriksen)이 세운 심해유전 시추전문기업이다. 2004년 설립되어 겨우 60억 원의 매출을 올린 신생기업인 시드릴은 이미 해양유전 시추사업을 40년 이상 벌이던 다양한 경쟁업체가 존재하고 있었음에도 불구하고 시장의 흐름을 꿰뚫는 선제적 투자를 통해 불과 8년 만인 지난 2012년 매출 5조 원(46억 달러), 시가총액 23조 원(220억 달러)을 기록해 전 세계 해양시추 시장 1위 업체로 성장했다.

시드릴은 해운회사의 신사업으로 시작했다. 이란-이라크 전쟁으로 전 세계 유조선 시장이 출렁이던 시점을 활용해 큰 부를 축적하여 세계 유조선(Crude oil tanker) 시장을 주름잡고 있는 선박회사, 프론트라인(Frontline)의 오너인 프레드릭센은 2000년대 초반 고객이었던 에너지회사들이 해양유전 탐사에 적극적으로 뛰어드는 것을 보고 해양유전의 성장 가능성을 읽었다. '탐사'에서 시작된 해양 심해유전 개발이 조만간 '시추'로 연결될 것임을 예상하여, 남들보다 먼저 시추 시장에 적극적으로 투자함으로써 기회를 잡아낸 것이다. 시드릴은 2004년부터 공격적으로 심해유전시추에 특화된 선박인 드릴십(Drillship)을 대량으로 발주했고, 몇 년이 지나지 않아 프레드릭센이 예상한 대로 심해유전 시추수요가 급증하기 시작했다.

경쟁업체들은 실제로 시장이 눈에 보이기 시작한 2007년부터 본격적으로 드릴십을 발주하기 시작했으나 이미 그 시점에 시드릴은 대규모의 선단을 확보한 덕에 시장을 주도하면서 연 40%에 달하는 압도적인 성장을 기록하며 세계 해양유전 시추사업에서 1위를 달성할 수 있었다.

여기서 유의하여 볼 것은 어떻게 시드릴은 신생업체임에도 불구하고 기존업체들이 미처 보지 못했던 심해유전에서 기회를 보았을까 하는 점이다. 유전개발은 원래 탐사 – 시추 – 설치 – 생산 – 해체의 다섯 단계로 이루어지는데, 각 단계별로 짧게는 5년, 길게는 10년 이상이 소요되는 긴 라이프사이클을 갖는다. 심해유전 탐사는 1990년대 후반, 2000년대 초반부터 활성화되었지만, 실제로 경제성 있는 심해유전을 찾고 나서 이루어지는 다음 작업인 시추는 2007년이 되어서야 본격적인 성장이 이루어졌다. 당시 시장에는 트랜스오션(Transocean), 노블에너지(Noble Energy) 같은 업체들이 오랜 기간 심해가 아닌 천해유전을 중심으로 사업을 벌여오고 있었다. 하지만 기존 업체들은 가치사슬(value chain)의 앞 영역인 탐사에서 시작된 변화가 가져올 결과를 미처 인식하지 못했고, 실제로 그 변화가 그들의 영역인 시추에 직접 영향을 미친 2000년대 중반이 되어서야 이를 깨닫고 심해에 본격적으로 투자했다. 하지만 주문한 드릴십이 실제로 완성되어 나오기까지는 2~3년의 추가 시간이 필요했다. 그 사이 이미 확보한 선단을 바탕으로 시드릴이 빠르게 시장을 잠식해 나갔음은 물론이다. 이런 시드릴의 성공 사례는 신사업 발굴에서 매우 중요한 시사점 한 가지를 던져준다.

Takeaway 1. 여러 사업이 단계적 가치사슬로 연결된 산업에서는 큰 변화가 시간을 두고 순차적으로 이루어진다. 기존 기업들은 자신의 공급영역과 수요영역 변화에 많은 관심을 쏟지만, 한 단계 더 나아간 가치사슬 영역에서의 변화는 놓치는 경우가 많고, 이러한 시간차를 이용할 경우, 신규 진입 기업에게도 선점 기회가 올 수 있다.

여기서 마지막으로 잠깐 짚고 넘어갈 것은 '등잔 밑을 보지 못하는' 기존 기업이다. 시드릴뿐 아니라 다른 사례에서도 이런 기존 기업의 뒤늦은 대응이 신사업을 추진한 기업에게 기회를 제공해준 경우가 많이 발견되었다. 이는 신사업 진입을 노리는 신규 기업에게 매우 중요한 단초다. 이에 대해서는 이번 장 마지막에 다시 한 번 다루도록 하겠다.

불가능이라 여겨졌던 삼성전자의 메모리 시장 진입

삼성전자는 1983년부터 본격적으로 메모리반도체 사업을 추진했다. 당시 메모리반도체 시장은 인텔(Intel), 마이크론(Micron) 등의 미국업체들과 도시바(Toshiba), 히타치(Hitachi) 등 일본업체들이 공격적으로 설비에 투자하는 바람에 물량 경쟁이 최고조에 달해 있던 시점이었고, 대부분의 시장 전문가는 더 이상은 신규 기업이 진입할 여유가 남아 있지 않다고 여기던 시점이었다. 실제로 삼성전자가 시장에 진입한 지 불과 2년 뒤인 1985년에는 세계 최초로 메모리반도체를 개발했던 인텔마저도 메모리반도체 시장에서 철수했다. 그러나 컴퓨터를 중심으로 한 정보통신기기의 확산이라는 장기적 성장 가능성을 믿은 삼성의 경영진은 많은 반대에도 불구하고 그룹 차원의 신사업으로서 메모리 반도체 시장에 승부수를 던졌고, 그 결과는 대성공이었다.

진입 당시는 일본 업체들이 적극적으로 설비에 투자해서 공급량이 크게 늘어난 시점이었고, 이것이 공급쇼크로 이어지며 전 세계 메모리반도체 가격의 급락을 불렀다. 하지만 삼성 경영진이 예상했던 대로 단기 수급상황과 무관하게 꾸준하게 증가한 반도체 수요는 몇 년 지나지 않아 늘어났던 공급량을 넘어섰고, 바닥 시점에 진입한 삼성전자는 공급부족 상황에서 큰 수익을 내며 안정적인 성장을 계속할 수 있었다. 물론 삼성전자의 성공 요인에 대해서는 연구개발(R&D)에서의 탁월한 성과를 비롯해 다양한 이유를 찾을 수 있지만, 여기서 짚어보고자 하는 것은 어떻게 삼성전자가 시장의 모든 기존 기업이 바닥이라고 여기는 시점에 과감하게 진입 의사결정을 내릴 수 있었는가 하는 점이다.

많은 산업에는 사이클이 존재한다. 이런 사이클이 생겨나는 근본 원인은 바로 산업의 참여자인 기존 기업들이 단기적 시각으로 행동하기 때문이다. 즉 공급이 늘어나고 수요가 줄어들어 수익이 떨어지는 시점에서 몸을 움츠리고 투자를 줄이기 때문에 수요가 다시 늘어나는 회복기가 되면 공급이 수요를 따라가지 못하게 된다. 또, 이로 인하여 비정상적으로 수익이 급격하게 늘어나면 다시 줄어들 수요에는 아랑곳없이 공격적인 투자를 하고, 투자가 완성되어 공급이 늘어나면 다시 가격이 폭락하고 수익이 하락하는 것이다. 따라서 이런 기존 기업의 행동을 이해하고 보다 큰 관점에서 산업의 사이클을 이해할 수 있다면 삼성전자가 내렸던 것과 같이 좋은 사업기회를 발굴할 수 있다. 많이 들어보았겠지만, 주식시장에 잘 알려진 잠언 중 하나가 '바닥에 사서 꼭지에서 팔라'는 것이다.

Takeaway 2: 시장에는 사이클이 존재한다. 모든 기업들이 몸을 움츠리는 하강국면에 오히려 기회가 있을 수 있다.

추가로 생각해 볼 것은 대부분의 기업이 신사업을 추진할 때 이렇게 당연한 원칙과는 완전히 반대되는 의사결정을 내리는 경우가 많다는 점이다. 좋은 예가 태양광 사업이다. 2000년대 중반, 유가가 급속하게 올라가면서 대체에너지에 대한 관심이 높아지자, 너도 나도 태양광 같은 대체에너지 사업을 미래에 가장 유망한 신사업으로 보고 뛰어들었다. 하지만 당시 태양광 기술은 아직 제대로 완성되지 않은 시점이었다. 당시 기술로는 태양광으로 발전하는 비용이 석유, 가스, 석탄과 같은 화석연료를 이용하여 발전하는 비용 대비 몇 배가 더 비쌌다. 냉정하게 판단하자면 태양광 수요는 근본적 기술혁신 없이는 의미 있을 정도의 규모로 성장하기 어려웠다. 그럼에도 불구하고 수많은 업체들이 태양광 사업에 진입하자 공급은 수요보다 훨씬 많아졌고, 이는 결국 태양광 산업 자체를 붕괴시켰다. 앞서도 살펴보았지만, 남들이 모두 좋다고 이야기하고 시작하는 사업이라면 그 시점이 꼭지가 될 가능성이 훨씬 높다.

인터넷 시장의 이단아, 로켓인터넷

로켓인터넷(Rocket Internet)이라는 독일의 벤처캐피탈이 있다. 1조 원이 넘는 자금을 굴리는 대형 투자업체인 로켓인터넷은 알란도(Alando)라는 전자상거래 업체를 세워서 이베이(eBay)에 3,000억 원(3억 달러)에 매각하여 돈을 모은 알렉산더(Alexander Samwer), 마크(Mark Samwer), 올리버(Oliver Samwer) 삼형제가 설립한 회사인데, 핵심 모델은 미국에서 새롭게 성공한 인터넷 사업모델을 카피해서 동남아시아, 남미, 동유럽과 같은 신흥시장에 세우는 것이다. 이들의 첫 사업인 알란도 역시 이베이의 카피모델이었다. 알란도를 매각하면서 이런 사업화가 가능하다는 것을 깨달은 삼월(Samwer) 형제들은 아예 체계적으로 카피모델을 반복하며 큰 성공을 거두고 있다. 사실 이렇게 미국의 성공적인 사업모델을 카피하는 사업은 한국에서도 여전히 많이 이루어지고 있는데 최근 화제가 된 티켓몬스터, 쿠팡과 같은 소셜커머스(Social commerce) 모델은 미국의 그루폰(Groupon)을 카피한 게 대표적이다. 재미있는 것은 로켓인터넷의 투자회수기법이다. 이들이 가장 선호하는 투자회수는 바로 자신들이 투자한 신흥개도국의 기업

로켓인터넷의 투자회사와 그 오리지널

로켓인터넷 투자회사	카피한 오리지널 모델
Zalando	Zappos
Alando (eBay에 매각)	eBay
CityDeal (Groupon에 매각)	Groupon
Groupon Korea	Groupon
Jabong	Zappos
StudiVZ	Facebook
Plinga	Zynga
Pinspire	Pinterest
Wimdu	AirBnB

을 그 나라로 확장하고자 하는 오리지널 미국 기업에게 매각하는 것이다. 이런 아이디어는 첫 사업이던 알란도가 이베이에 매각되면서 얻어진 것이었다. 소셜커머스에 있어서도 로켓인터넷은 그루폰의 카피모델인 시티딜(CityDeal)을 그루폰에 매각하는 데 성공했고, 이와 유사한 사업이라 할 수 있는 한국의 티켓몬스터 역시 미국의 2위 소셜커머스업체이던 리빙소셜(LivingSocial)에 매각함으로서 창업자들의 투자회수(exit)가 이루어졌다.

창의성이라고는 전혀 없다는 이유로, 새로운 아이디어 발굴에 온 힘을 기울이는 전통적인 벤처캐피탈들로부터는 이단시 되고 있지만, 로켓인터넷의 사업모델은 신사업을 발굴하는 데에 또 하나의 중요한 단서다. 동일한 산업이라면 선진국에서 이루어진 발전 방향성이 후진국에서 유사하게 반복되는 경우가 많다. 한 국가에서의 선도적인 성공모델을 다른 나라에 선제적으로 카피하는 것은 안전하면서도 매력적인 사업기회를 제공할 것이다.

Takeaway3: 산업의 진화에는 나라별로 속도는 다르더라도 일관된 방향성이 존재한다. 특히 전 세계가 동조화되어 가고 있는 상황에서 한 나라에서 성공한 사업모델이라면 다른 나라에서도 성공할 가능성이 높다.

패션 업계의 창조적 파괴자, 자라

내수 산업으로만 여겨지던 한국 패션 산업이 최근 큰 변화를 맞이하고 있다. 스페인의 자라, 독일의 에이치앤엠(H&M), 일본의 유니클로와 같은 글로벌 업체들이 한국뿐 아니라 전 세계적으로 큰 성공을 거두고 있는데, 그 바탕에는 에스피에이(SPA) 또는 패스트패션(Fast fashion)이라는, 기존의 사업모델과는 근본적으로 차별화된 혁신적인 사업모델이 있다.

기존의 패션 기업들은 6개월의 주기를 가지고 움직였다. 즉 연초에는 그 해 가을과 겨울(F/W: Fall and Winter)에 판매할 제품을 디자인 및 생산하고, 여름이 되면 다음 해 봄과 여름(S/S: Spring and Summer)에 판매할 제품을 미리 만들어 두었다가 그 시기가 오면 판매하는 방식이었다. 그러다 보니 막상 판매하는 시점이 되면 어떤 제품은 불과 며칠 만에 매진되기도 하고, 또 다른 어떤 제품은 거의 팔리지 않는 일이 많았다. 그러다 보니 실제로 팔리는 제품보다 훨씬 많은 양의 재고를 준비해 두어야 했고, 초기에는 비싼 가격을 붙여두었다가 잘 팔리지 않는 제품은 70%, 80%에 달하는 할인판매를 하는 것도 일상적이었다. 다른 산업에서라면 상상할 수도 없는 이런 비효율적인 운영은 '패션산업은 디자이너의 창의력에 기반하며 다른 산업과는 근본적으로 다른 산업'이라는 기존 기업의 고정관념 탓에 오랫동안 유지되어 왔다.

하지만 자라는 의류산업에 자동차산업과 같이 효율성을 기반으로 하는 새로운 철학을 과감히 도입했다. 자동차산업은 운영효율이라는 분야에서는 모든 산업 중 가장 많은 혁신이 이루어진 선도 산업이다. 초기 컨베이어벨트에 기반한 대량생산체계가 고안되어 도입된 것도 포드 자동차였고, 이후 토요타 시스템으로 일컬어지는 린 생산(Lean production) 개념은 재고관리철학의 혁명적 변화를 가져왔다. 자라는 의류사업의 운영에 린 생산 개념을 도입하여 효율성을 근본적으로 혁신해냈다. 직접 운영하는 매장에서 바로바로 수집되는 판매 데이터를 분석해서 잘 팔리는 제품과 잘 팔리지 않는 제품을 파악하고, 잘 팔리는 제품만을 2주 내에 추가 생산할 수 있는 공급망(supply chain)을 만들어냄으로써 패션에서의 재고 개념을 변화시켰다. 덕분에 높아진 효율은 정상 제품의 가격을 극적으로 낮추었고, 이는 결국 기존 운영 방법에 의존하던 기존 패션기업들보다 훨씬 낮은 가격에 동일한 품질의 제품을 판매할 수 있게 해줌으로써 전 세계의 패션산업을 장악하게 되었다. 이를 바탕으로 자라는 현재 전 세계 87개국 1770개 매장을 운영하면서 20조 원(138억 유로)이 넘는 매출에 삼성전자보다도 높은 18%의 영업이익율을 자랑하는 초우량 기업으로 성장하였다.

자라의 사업모델은 기존 기업들이 빠져 있던 고정관념을 깼다는 점에서 탁월한데, 이러한 사업모델 아이디어가 패션산업과는 완전히 다른 자동차 산업으로부터 나왔다는 점이 특히 주목할 만하다.

Takeway4: 고정관념에서 벗어나면 기존산업이 갖고 있는 근본적인 문제들을 해결할 기회를 찾을 수 있다. 특히 문제점의 해결책을 다른 산업의 성공적인 사업모델로부터 빌려오는 것은 매우 유용하다.

중요한 것은 컨트라리안적 사고

여기서 가장 중요하게 짚고 넘어갈 것은 신사업 발굴에서의 핵심은 기존 기업과의 차별화된 시각에 있다는 점이다. 시드릴이 심해시추시장에 투자할 당시 기존 시추기업은 심해시장을 거들떠보지 않았으며, 삼성전자가 반도체 시장에 진입할 당시 대부분의 애널리스트는 메모리 시장이 공급과

잉 상태라고 전망했다. 로켓인터넷은 기존의 벤처캐피탈로부터 이단아 취급을 받았고, 자라는 디자이너의 '감'에 의존하는 패션업체로부터 '싸구려 복제기업'이라는 혹평을 받는다. 하지만, 결과적으로 시장은 기존 기업의 고정관념에 도전한 신규 기업의 손을 들어주었다.

 이 책을 쓰려고 분석하는 과정에서 발견한 또 하나의 중요한 사실은 바로 기존 기업은 변화에 대해 둔감하거나 거부까지 한다는 것이다. 선도기업일수록 자신이 지금까지 성공해 왔던 방식에 확신을 갖고 있기 쉽고, 새로운 방식을 얕잡아 보기 쉽다. 선도기업이 시장을 전망하는 관점은 이들을 중심으로 시장을 분석할 수밖에 없는 애널리스트와 시장분석가의 의견을 선도하게 된다. 결국 시장의 컨센서스는 선도기업의 관점과 동조되게 되는 것이다. 문제는 신사업을 찾는 기업조차도 이러한 관점을 무조건 받아들이는 경우가 대부분이라는 점이다. 새로운 사업기회를 찾으면서 잘 모르는 영역이다 보니 자신만의 관점을 가지고 시장을 해석하기보다는 기존 기업의 관점에 경도된 애널리스트의 숫자를 무조건 받아들이는 경우가 많다. 이를 바탕으로 사업기회를 보면 그 관점은 기존 기업이 사업을 바라보는 관점과 완전히 동일할 수밖에 없다. 잠깐 앞서 논의했던, 신사업을 우선순위화하는 2X2 매트릭스를 돌이켜 보자. 대부분의 신사업 논의에서 이 매트릭스를 이용할 때 세로축은 시장의 팩트, 즉 누구나 동의하는 시장분석보고서나 애널리스트 리포트에 단순히 의존하는 것이 일반적이다. 그리고 대부분은 과연 우리가 이 사업을 잘할 수 있을 것인가라는 '주관적' 평가인 가로축을 논의하고 분석하는 데 훨씬 더 많은 노력을 쏟는다. 하지만 정말 중요한 것은 세로축이다. 기존 방식으로 분석해서 나온 결과라면 이미 기존 기업이 적극적으로 참여하는 영역만이 매력적이라고 도출될 것이

고, 당연히 성공가능성이 높지 않다. 반대로 기존 기업이 등한시하는 영역
은 매력도가 낮게 도출되어 기회로 보이지 않을 것이다.

진정으로 매력적인 신사업을 찾기 위해서는 세로축, 다시 말하면 사업
기회의 매력도를 찾는 것이 훨씬 더 중요하고, 이는 시장의 컨센서스나 기
존 기업이 보는 관점이 아닌 나만의 차별화된 관점을 통해서 해석되어야
한다.

바로 이것이 컨트라리언 접근방법이 필요한 이유다.

4

왜
시장이 놓치는 기회가 존재하는가?

컨트라리언으로서의 기회가 존재한다는 것은 뒤집어 생각하면 기존의 사업자는 이를 발견하지 못했거나, 제대로 인식하지 못하고 있다는 이야기가 된다. 앞서 이야기했던 성공사례 역시 지금 와서 생각해보면 너무나도 당연하고 뻔한 기회들이다. 산업의 큰 트렌드가 심해해양유전이라는 것은 에너지 산업에서는 이미 오래 전부터 알려져 왔던 것이었고, 반도체가 전자산업의 미래일 것이라는 것 역시 너무나도 당연한 예상이었다. 그럼에도 불구하고 왜 기존사업자들은 이런 변화에 대응을 제대로 하지 못했을까? 그리고 수많은 애널리스트들과 시장분석가들은 왜 이러한 예측을 제대로 하지 못하는 것일까?

시장분석가, 애널리스트 숫자의 한계

신사업을 찾으며 가장 일반적으로 의지하는 자료는 가트너(Gartner), 아이디씨(IDC) 등의 시장분석가나 증권회사 애널리스트들이 제공하는 보고

서일 것이다. 이들은 산업 자체와 산업 내의 기업들을 분석하는 분야에서 전문가임이 분명하고, 이들이 제공하는 보고서들은 산업을 이해하고 시장을 이해하는 데에 매우 귀중한 시작점인 것은 분명하다. 문제는 이들이 제시하는 내용이 언제나 맞는 게 아니라는 점이다. 이들의 한계를 명확하게 이해하고, 이를 극복할 수 있는 시각이 매우 중요하다.

우선 시장분석가와 증권회사 애널리스트들이 어떻게 일하는지를 생각해볼 필요가 있다. 애널리스트는 주가 예측을 직업으로 한다. 주가는 기업의 성과에 대한 직접적 반영이지만 실제로는 성과에 더하여 전체적인 경제 상황, 외국투자자들의 움직임, 주식시장 전체의 분위기와 같은 외부 변수들이 큰 영향을 준다. 앞서 시드릴의 주가도 살펴보면 시드릴의 실적은 2007년 이후로 계속 점점 더 좋아지기만 했음에도 불구하고 2008년 세계 경제위기가 찾아오고 유가가 120달러에서 30달러까지 급락하자 2008년 말부터 2009년 초까지는 급격한 하락을 겪었다. 물론 다시 이전 수준 이상으로 회복하여 2013년 현 시점에서는 역사상 최고가를 계속 다시 써가고 있지만 말이다. 이런 상황은 애널리스트에게 장기적인 관점으로 예측하기 불가능하게 만든다. 애널리스트는 당장 다음달, 다음 분기의 실적에 대한 예상, 그리고 그에 따라 짧게는 1개월, 길어봐야 6개월에 한정된 관점을 갖게 되는 게 당연하다. 이들에게 장기적 관점을 기대하는 것은 무리다. 하지만 5년, 10년을 내다보고 신사업을 벌여야 하는 기업 입장에서 이런 단기적인 관점으로 사업을 벌일 수는 없다.

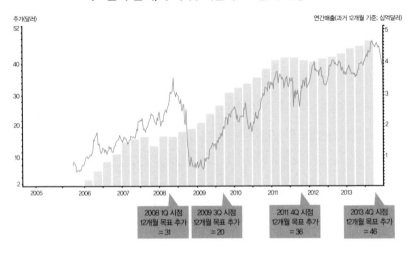

시드릴의 실적, 주가 및 애널리스트들의 전망 *

주가(달러)

연간매출(과거 12개월 기준: 십억달러)

2008 1Q 시점
12개월 목표 추가
= 31

2009 3Q 시점
12개월 목표 추가
= 20

2011 4Q 시점
12개월 목표 추가
= 36

2013 4Q 시점
12개월 목표 추가
= 46

산업분석가는 조금 다른 차이가 있다. 이들은 보다 장기적이고 근본적인 관점에서 산업을 분석하고 미래를 예측한다. 하지만 이들의 예측에도 몇 가지 한계점이 있다. 첫 번째는 이들의 예측이 기존 기업의 관점을 크게 벗어나지 못한다는 점이다. 산업분석가에게 가장 핵심적인 바탕자료는 이미 그 산업에서 사업을 수행하고 있는 기업들이 제공하는 자료다. 생산량, 설비투자, 기술로드맵, 수익성 등은 실제로 산업을 이해하고 향후 산업의 방향성을 이해하는 중요한 바탕임은 분명하다. 하지만 기존 기업에 대한 의존도가 높다 보니 관점 자체가 기존 기업들이 보는 전망을 크게 벗어나기

*매출을 보면 2008년 말, 주가 폭락과는 전혀 무관하게 꾸준히 상승하고 있다. 2008년 유가는 폭락했지만, 실제 이로 인해서 실적에 영향을 받은 것은 직접 원유를 판매하는 에너지 업체다. 시드릴은 유가가 오르건, 떨어지건 석유가 생산이 이루어지는 한, 실적에 영향을 받지 않고 사업의 본질에 전혀 흔들림이 없었다. 하지만 애널리스트의 전망은 당장의 주가와 주식시장 상황에 따라 급변하는 모습을 볼 수 있다. 단기적 투자 목적이 아닌 장기적 사업을 추진하는 관점에서 애널리스트의 전망을 참고하는 데는 상당한 주의가 필요하다.

어려운 한계가 있다. 보다 중요한 두 번째는 산업의 변화가 이루어지는 형태에서 오는 한계다. 어떤 신기술이 등장할 경우를 생각해보자. 어떤 신기술이 확산될 때 점진적으로 차근차근 해마다 같은 비율로 확산되는 경우는 거의 없다. 오히려 특정한 시점을 지나는 순간 급격한 변곡점을 맞이하여 단기간에 큰 확산이 이루어져버리는, 흔히들 하키스틱 곡선 또는 J-커브라고 불리는 형태의 확산이 이루어진다. 예를 들어 스마트폰을 생각해보자. 스마트폰이라는 컴퓨터와 이동전화가 결합된 형태의 단말의 경우, 이미 2000년대 초반부터 다양한 시도가 있어왔고, 언젠가는 기존의 피처폰 형태의 이동전화를 대체할 것으로 전망되어왔으며, 최근에는 실제로 시장 대부분을 점유하고 있다. 하지만 이러한 변화는 점진적으로 이루어진 것이 아니다. 애플의 아이폰(iPhone), 그것도 두 번째 모델인 아이폰 3G가 발표되고, 이어 구글의 안드로이드 2.0이 나온 2009년부터 2~3년 사이에 급격한 확산이 이루어졌다. 하지만, 이러한 급격한 변화가 언제 일어날지 예상한다는 것은 현실적으로 불가능하다. 그러다 보니 대부분의 산업 분석보고서는 과거의 확산 속도를 기초로 하여 점진적인 확산이 이루어질 것이라는 가정에 근거하게 된다. 그 결과 확산에 대한 예측은 매우 보수적으로 이루어지기 쉽다.

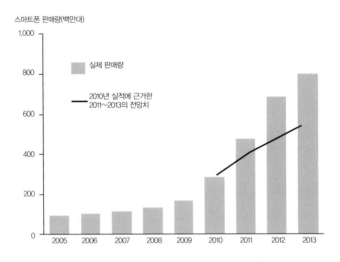

산업분석가들의 전망치와 실제 실적 차이*

스마트폰 판매량(백만대)

1,000

800 — 실제 판매량

600 — 2010년 실적에 근거한
2011~2013의 전망치

400

200

0

2005 2006 2007 2008 2009 2010 2011 2012 2013

그럼에도 불구하고, 실제로 신사업을 찾는 경우, 새로운 영역, 새로운 산업에 대한 이해가 충분하지 않다 보니 관행적으로 애널리스트나 산업분석가의 의견에 기반하여 시장의 매력도를 판단하게 되는데, 이는 절대 권장할 만한 방법이 아니다. 기본적인 정보를 얻기 위한 출발점으로서 참고하는 것은 의미가 있으나 여기에서 한 발 더 나아가 애널리스트가 신경 쓰지 않고 있는 보다 장기적 관점에서의 기회, 산업분석가와 기존회사가 놓치고 있는 보다 근본적이고 큰 변화를 이해하는 데까지 접근이 이루어져야 한다.

*스마트폰은 2009년에서부터 본격적인 확산이 이루어졌다. 2008년 나온 시장전망은 2013년까지 스마트폰 판매량이 3억 대를 넘기 어려울 것으로 내다보고 있었고, 실제 본격 확산이 이루어져 2.9억 대가 팔린 2010년의 결과가 집계된 후에 나온 전망에서조차 2013년 6억 대 수준을 예상하고 있었다(그래프의 실선). 하지만 확산이 폭발적으로 이루어지면서 실제로는 2013년 8억 대 수준의 판매가 이루어졌다.

컨트라리언으로서의 시각을 통해 신사업을 찾는다는 것은 당연히 애널리스트가 보지 못하는 것을 보아야 하는 것이다.

코닥의 실패

한 가지 더 생각해볼 것은 기존 기업의 관성이다. 앞서도 잠깐 논의한 바 있지만, 기존의 방식으로 크게 성공을 거두고 있는 기존 선도기업들은 시장에 변화의 조짐이 나타난다 하더라고 이를 적극적으로 해석하기보다는 기존에 갖고 있던 관점에 기반하여 해석하기 쉽고, 이는 실제 전략과 실행에서 관성적인 행태로 나타난다.

기존 업체의 관성을 설명할 수 있는 좋은 예가 코닥(Kodak)이다. 2012년, 사진산업을 창조하고 선도해 온 100년기업 코닥이 사라졌다. 아날로그에서 디지털로의 전환에 따른 시장의 변화를 무시했기 때문이라고 쉽게 이야기할 수도 있지만 사실을 살펴보면 코닥이야말로 시장에서 가장 먼저 디지털화를 예상했던 기업이었다. 실제로 코닥은 1995년에 이미 2004년까지 디지털이 전체 시장의 50%를 차지할 것이라고 예측했고, 이를 바탕으로 다양한 디지털 대응 전략을 고민했다. 코닥은 최초의 디지털 카메라를 만든 회사 중 하나였다. 하지만 코닥이 거의 독점하고 있던 아날로그 필름사업의 영업이익율은 36%, 사진현상은 18%에 달하는 상황에서, 고작 4%에 불과한 디지털 카메라의 영업이익율은 코닥으로 하여금 디지털에 대한 적극적 투자를 망설이게 만들었다.

아날로그에서 디지털 전환에 따른 사진 시장 수익구조의 변화

(출처 : 베인앤컴퍼니)

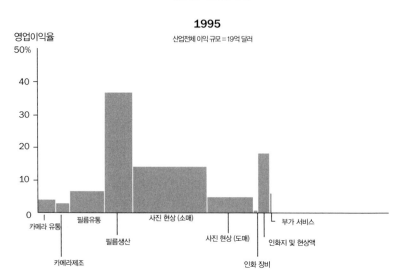

1995

산업전체 이익 규모 = 19억 달러

영업이익율
50%

40

30

20

10

0

카메라 유통
필름유통
필름생산
카메라제조
사진 현상 (소매)
사진 현상 (도매)
인화 장비
인화지 및 현상액
부가 서비스

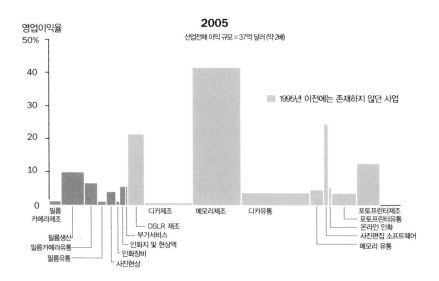

2005

산업전체 이익 규모 = 37억 달러 (약 2배)

영업이익율
50%

40

30

20

10

0

■ 1995년 이전에는 존재하지 않던 사업

필름
카메라제조
필름생산
필름카메라유통
필름유통
디카제조
DSLR 제조
부가서비스
인화지 및 현상액
인화장비
사진현상
메모리제조
디카유통
포토프린터제조
포토프린터유통
온라인 인화
사진편집 소프트웨어
메모리 유통

코닥이 디지털 카메라를 개발해 놓고도 자신의 핵심사업이던 필름 제조와 현상사업에서 수익이 줄어들까 봐 주저하던 사이에, 캐논, 올림푸스, 니콘 등 카메라 업체들은 빠르게 디지털로 무게 중심을 옮겨갔다. 이들은 어차피 카메라 판매가 핵심사업이었던 만큼 디지털로의 전환을 주저할 이유가 전혀 없었다. 후발주자들이 공격적으로 신제품을 내놓으면서 안타깝게도 시장은 코닥이 예측했던 대로 디지털 중심으로 흘러가버렸다. 한 번 놓쳐버린 기선을 다시 잡기에는 시장이 이미 커버렸고, 추월해 버린 경쟁업체들은 따라잡을 기회를 주지 않았다. 코닥은 디지털 분야에서도 가장 많은 특허를 보유한 업체 중 하나였고 충분히 대응할 기회가 있었지만, 너무도 보수적이고 안이한 접근 탓에 결국 종말을 맞고 말았다.

기존 기업이 변화에 대해 보수적인 대응을 하는 원인에 대해서는 미국 하버드 경영대학원의 클레이튼 크리스텐슨(Clayton Christensen) 교수의 『혁신기업의 딜레마(Innovator's Dilemma)』와 같은 훌륭한 연구가 이미 충분히 있으니 여기서 더 논의할 필요는 없을 것이다. 중요한 것은 나중에 돌이켜 보면 너무나 당연하고 뻔한 기회였음에도 불구하고, 많은 기존 기업이 이를 놓치고 있다는 사실이다.

이런 기존 기업의 관성은 애널리스트의 단기적 예측, 시장분석가들의 보수적 전망과 맞물려 시장 관계자 전체가 변화를 보수적으로 바라보게 만드는 상승작용을 일으키고, 결국 변화에 대한 진실을 파악하기 어렵게 만든다. 그러나 이러한 변화를 새롭게 이용하고자 하는 기업에게는 가능성을 열어준다. 바로 여기에 컨트라리언으로서의 기회가 있다.

컨트라리언으로서의 자세가 필요한 이유

남들이 아직 못보고 있는 것을
어떻게 볼 것인가?

시장의 컨센서스와 믿음이
진실을 뜻하는 것은 아님

사람들의 생각은 천천히 바뀜
특히 기존 선도기업들의 사고방식은 매우 견고함

세상에는 명확한 트렌드가 존재함.
그러나 트렌드의 영향은 한꺼번에가 아니고
순차적으로 이루어짐

➡ 대부분의 시장의 컨센서스는 기존 선도
기업의 시각에 기반하고 있고, 이들은 변화에
보수적이며, 매우 견고한 사고방식을 갖고 있
어 실제 변화의 가능성을 충분히 인식하지 못
하는 경우가 많음

어떻게 신사업을 찾을 것인가?

신사업을 찾기 위한 질문을 다시 생각해보자. 지금까지의 논의를 생각해
본다면 이런 질문들을 던져볼 수 있을 것이다.

"내 수요자의 수요자, 내 공급자의 공급자들이 보는 시장 전망은 나
와 동일할까?"

"가치사슬의 다른 영역에서 혹시 내가 모르는 변화가 일어나고 있지
는 않을까?"

"모든 사람들이 부정적인 지금이 혹시 바닥인 것은 아닐까?"

"저 시장에서 일어난 혁신이 미래에 이 시장에서 일어날 가능성은 없
을까?"

"이 산업을 개선하기 위해서 저 산업에서 행한 혁신을 빌려올 수는 없을까?

만약 이런 질문들을 던질 수 있다면 신사업을 찾기 위한 첫 단추를 제대로 끼운 것이다.

보다 구체적으로 생각해보자. 앞서 예들을 통해 살펴본 바와 같이 신사업을 발굴하기 위한 현실적 접근방법으로서 크게 두 가지의 핵심질문을 생각해볼 수 있다. 하나는 '기존의 사업모델에서 남들이 놓치고 있는 매력을 찾아낼 수 있을 것인가'이고, 다른 하나는 '아직 존재하지 않는 매력적인 사업모델을 찾아낼 수 있을 것인가'이다.

앞서 살펴본 네 가지 성공사례는 신사업을 발굴하는 방법에 대한 중요한 시사점을 던져준다. 이 장의 처음에 던졌던 질문, 신사업 발굴을 위한 핵심 질문 두 가지의 답을 네 가지 성공사례로부터 찾을 수 있다. 즉, 시드릴과 삼성전자 사례는 기존 사업모델에서 남들이 놓치는 매력적인 기회를 발굴하는 방법에 대한 힌트를, 로켓인터넷과 자라 사례는 기존에 존재하지 않는 매력적인 사업모델을 어떻게 구상할 수 있을 것인지에 대한 힌트가 된다. 컨트라리언 접근방법은 이러한 질문에 답하기 위해 필요한 네 가지 일반적이고 경제적인 현상을 이해하는 데에서 출발한다.

질문 1. 앞으로의 성장성, 수익성을 시장과 기존 기업이 이해하고 있는 바와 다르게 해석할 가능성이 있는가? (지금 시장이 예상하는 수요/공급이 타당한가?)

첫 번째 현상: 경제나 산업의 메가 트렌드는 가치사슬을 따라서 순차적으로 확산된다. 가치사슬의 참여자들은 자신이 속해 있는 단계에 따라서 변화를 인식하게 된다. 이러한 단계에 따른 변화를 어떻게 인식하느냐의 차이가 신사업기회를 만들어낼 수 있다.

두 번째 현상: 많은 산업에는 경기사이클이 있다. 이에 따라 수요와 공급은 사이클을 따라서 언밸런스를 반복하게 된다. 하지만 다수의 기업들은 사이클에 대해 단기적인 반응을 보임으로써 사이클에 따른 변동성을 오히려 강화시키는 방향으로 행동한다. 따라서 이러한 사이클을 읽어냄으로써 적절한 타이밍에 시장으로 진입할 기회를 찾아낼 수 있다.

질문 2. 현재 존재하고 있지 않으나 앞으로 매력적인 사업기회가 될 수 있는 차별화된 사업모델을 발굴할 수 있을 것인가?(지금의 사업모델보다 더 나은 사업모델은 없는가?)

세 번째 현상: 산업에는 일반적으로 보편타당하게 적용되는 진화단계가 존재하나, 국가, 시장의 발전에 따라 시간차가 존재한다. 따라서 선진국가, 선진시장에서 먼저 이루어진 진화를 후진시장에 적용할 수 있는 기회가 생긴다.

네 번째 현상: 완벽한 사업모델은 존재하지 않는다. 산업마다 서로 다른 역학관계에 따라 장점을 가진 사업모델이 시장을 리드하게 되지만 나름대

로의 문제점(pain point)이 존재한다. 다른 산업에서 이를 해결한 사업모델을 찾아내 적용해 봄으로써 문제점을 해결할 수 있다면 성공적인 새로운 사업모델이 될 수 있다.

이러한 네 가지 현상은 지극히 당연한 현상이지만 세상의 많은 기존 기업이 빠지는 함정이다. 반대로 이러한 현상을 적극적으로 활용함으로써 차별화되고 매력적인 네 가지 신사업기회를 생각할 수 있다.

신사업 발굴을 위한 네가지 방향성

이미 존재하고 있는 사업들에 대한 차별화된 시각		새로운 사업모델을 위한 차별된 접근
⬇	AND / OR	⬇
지금 시장이 예상하는 수요가 타당한가?		기존의 사업모델보다 더 나은 모델은 없는가?
❶ "가치사슬의 전/후 간에 시각차가 존재하는가? 수요측과 공급측 간의 관점은 동일한가?"		❸ "다른 시장에서 이미 이루어진 진화가 이 시장에서도 곧 벌어지지 않을까?"
❷ "산업과 사업의 사이클 상에서 현재 상황에 대한 새로운 해석이 가능한가?"		❹ "다른 산업에서의 진화를 이 산업에 적용할 수 있지 않을까?"

마지막으로 다시 한 번 짚고 넘어갈 것은 이 책에서 논의하고자 하는 것은 일반적인 기업이 신사업을 찾을 때 사용할 수 있는 현실적이고 실용적인 접근방법이라는 점이다. 스티브 잡스가 만들어낸 아이폰과 아이패드처럼 혁신을 이루는 천재적인 접근방법은 여기서는 논외로 하는 것이 더 쓸모 있는 논의를 가능하게 할 것이다. 뒤집어 이야기하자면 여기서 살펴보

고자 하는 것이 세상의 모든 신사업을 잡아내는 만능 방법론이 아니라는 점도 유념할 필요가 있다. 다만, 일반기업으로서 신사업을 발굴하는 데에는 꽤 현실적이고 실용적인 방법이니 한 번쯤 시도해볼 만할 것이다.

지금부터는 이러한 네 가지 큰 방향에서, 신사업 발굴에 대한 보다 구체적인 사례와 함께 실제 적용 가능성을 논의해 보도록 하겠다.

PART 2.

성공적인
신사업발굴
사례들

5

첫 번째 기회 :

트렌드의 연쇄적 확산에 따라 생겨나는 기회의 선점

여기서부터는 구체적으로 신사업을 탐색하는 접근방법을 논의하고, 기존의 성공사례와 함께 현 시점에서 가설을 세워 생각해볼 수 있는 기회를 검토해 봄으로써 컨트라리언 접근방법에 대한 이해를 높여보고자 한다.

리바이스(Levi's)

아마도 미국의 19세기 골드러시에 대한 이야기를 들어본 적이 있을 것이다. 1848년 캘리포니아에서 금이 발견되었다는 뉴스가 퍼지자 1849년 한해에만도 30만 명의 사람이 전 세계에서 캘리포니아로 몰려들었다. (이로 인해 몰려든 서부이주민들을 포티나이너스-49ers-라고 부른다. 샌프란시스코의 미식축구팀이 현재 이를 팀명칭으로 사용하고 있다.) 1846년까지만 해도 300명이 살던 작은 마을이던 샌프란시스코는 1852년에는 인구 3만 명, 1870년에는 15만 명의 도시로 성장했고, 미국원주민들이 자리잡고 살던 캘리포니아는 1850년에 미국의 31번째 정식 주로 편입되었다. 하지만 몰려든 수십만 명

중에서 금을 찾아 부를 이룬 사람은 극소수에 지나지 않았다. 실제로 돈을 번 사람은 운송회사와 숙박업자들이었다. 미국 동부와 서부를 연결해야 할 필요성이 커지면서 파나마를 횡단하는 철도, 파나마와 샌프란시스코, 파나마와 미국동부를 연결하는 해운업이 본격화되었고, 이는 결국 1914년 의 파나마 운하 개통으로 이어졌다. 그리고 금을 찾는 데 실패한 수많은 이민자들을 싼값에 고용할 수 있게 되면서 가장 크게 성장한 산업은 다름아 닌 농업이었다. 캘리포니아에서는 1850년대 후반부터 비옥한 토지와 값싼 노동력을 바탕으로 대규모 농업이 활성화되었고, 1860년대에는 전 세계 에서 가장 중요한 농산품 수출지가 되었다. 아마도 골드러시에서 가장 상 징적인 수혜자는 1853년에 설립되어 세계적인 패션업체로 성장한 리바이 스일 것이다. 골드러시로 밀려든 노동자들에게 바지를 팔던 라트비아 이 민자 출신의 재단사인 제이콥 데이비스(Jacob Davis)는 바지가 자꾸 찢어지 는 고객의 고충을 들으며 튼튼한 소재와 리벳을 이용한 새로운 바지를 생 각해냈고, 특허를 낼 돈이 부족하던 데이비스의 요청으로 독일 이민자 출 신의 상인, 리바이 스트라우스(Levi Strauss)가 그 아이디어를 사들여 튼튼한 작업복으로서 청바지를 팔아 큰 성공을 거두었다.

골드러시라는 트렌드는 전 세계 모든 사람들이 알고 있었으나, 실제로 이를 통해 만들어진 성공적인 사업은 그 트렌드로 인해 파급된 다양한 변 화에서 자신만의 사업모델을 발굴해낸 기업의 몫이었다.

물론 여기서 논의하고자 하는 것이 골드러시라는 트렌드에서 청바지 같 은 창조적인 아이디어를 찾아내는 방법을 생각해보자는 것은 아니다. 하 지만 리바이스의 사례는 신사업기회를 찾을 때 고민해야 하는 방향에 대 한 시사점을 던져준다. 세상에는 무수히 많은 트렌드가 존재한다. 그리고 이런 트렌드는 직접적으로도 다양한 사업기회들을 만들어 내고 있고, 실제로 많은 기업들이 사업기회를 찾기 위해서 트렌드를 분석하고 이해하는 데 많은 공을 들이고 있다. 하지만 문제는 많은 기업이 트렌드의 표면적 영향과 그로 인한 직접적 사업기회에만 집중하고 있다는 점이다. 큰 변화들은 한 번의 충격으로 끝나기보다는 연쇄적인 파장을 가져온다. 산업 단위의 메가 트렌드라 부를 만한 변화라면 그로 인한 영향은 산업 내의 가치사슬뿐 아니라 그 앞뒤로 연결된 시장까지 미치기 마련이다. 컨트라리언으로서 사업기회를 찾아내고자 한다면 다른 사람들이 현혹되어 있는 바로 앞의 시장보다 이로 인해 촉발되는 연쇄반응 너머를 살필 수 있어야 한다.

한국 콜마와 코스맥스

1990년 후반까지 한국의 화장품 시장은 매우 후진적 구조였다. 일부 고소득층을 타겟으로 백화점이라는 선진 채널이 이용되기는 했으나 대부분은 동네 구멍가게 수준이던 영세 화장품 상점들과 방문판매를 중심으로 이루어졌다. 하지만 2000년대 초반부터 큰 변화가 생기기 시작했는데, 바로 브랜드 샵이다. 미샤, 페이스샵을 선두로 하여 새롭게 시작된 브랜드 샵은 저렴한 가격에도 불구하고 세련된 디자인, 깔끔하게 정돈된 매장을 일관되게 전개하면서 칙칙하기만 하던 영세 화장품 상점을 밀어내고 큰 성공을 거두었고, 2013년 현 시점에서 브랜드 샵은 화장품 시장을 지배하고 있다.

브랜드 샵들은 후진적 유통구조에 혁신을 가져온 새로운 사업모델들을 통해 큰 성공을 거두었다. 대표적인 선도업체인 에이블씨엔씨(미샤)는 매출 4,500억 원에 순이익만도 400억 원이 넘는 중견기업으로 성장했고, 페이스샵은 2009년에 LG생활건강에 4,200억 원에 인수되었다. 그런데 사실 화장품 산업을 살펴보면 선진화의 진정한 승자는 잘 알려지지 않은 두 업체인 한국 콜마와 코스맥스다. 한국 콜마와 코스맥스는 미샤, 페이스샵과 같은 브랜드에 완제품을 생산, 공급하는 외주 전문 생산업체다. 브랜드 샵 시장에서 수많은 브랜드가 뛰어들어 치열한 각축전을 벌이는 사이(한국에서 가장 비싼 상권인 명동에 나가보라. 거의 모든 점포가 브랜드 샵 점포들이다) 그 뒤에서 제품을 생산하는 전문업체인 한국 콜마와 코스맥스는 시장을 과점하면서 안정적이고 빠른 성장을 이뤄냈다. 2013년 현재, 에이블씨앤씨의 시가총액은 3,560억 원이지만, 한국 콜마는 4,500억 원, 코스맥스는 7,000억 원에 이른다.

최근 산업들이 선진화되는 과정에서 가장 핵심적인 움직임이 무엇이냐고 한다면 바로 전문화일 것이다. 점점 더 소비자의 니즈가 복잡해지고, 경쟁이 치열해지면서, 차별화가 중요해졌고, 기업은 제품개발, 제조, 마케팅, 유통에 이르는 전체 과정 중에서 핵심이 되는 영역에만 집중하는 것이 유리하다는 것을 깨달았다. 대표적으로 전자산업에서 1위 업체인 애플은 제품의 디자인과 마케팅에만 집중하고 생산은 모두 폭스콘(Foxconn), 페가트론(Pegatron)과 같은 중국의 외주 전문 생산업체들에 위탁하고 있고, 스포츠용품시장에서 1위 업체인 나이키 역시 생산은 100% 외부에 위탁하고 있다.

한국의 화장품 시장 선진화를 주도한 미샤와 페이스샵 역시 브랜드 마케팅과 점포 운영에만 집중하는 모델로 성공을 거둔 것인데, 한국 콜마와 코

에이블씨앤씨와 코스맥스의 경영성과

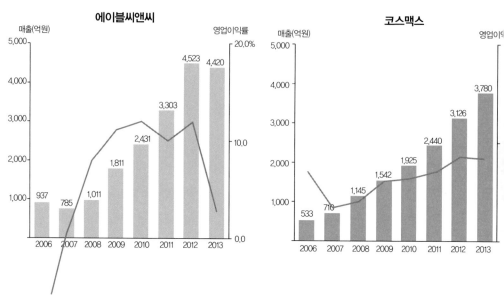

에이블씨앤씨

매출(억원)

영업이익률

연도	매출
2006	937
2007	785
2008	1,011
2009	1,811
2010	2,431
2011	3,303
2012	4,523
2013	4,420

코스맥스

매출(억원)

영업이

연도	매출
2006	533
2007	710
2008	1,145
2009	1,542
2010	1,925
2011	2,440
2012	3,126
2013	3,780

주가추이
(2006년 1월 3일 = 100%)

코스맥스

에이블씨앤씨

스맥스는 이런 변화를 감지하고, 그 뒤에서 생산에만 전념하는 새로운 화장품 회사를 만들어 냄으로써 더 큰 성공을 이뤄냈다. 초기에는 생산만 하던 데서 최근에는 아예 제품개발*까지 전담하고 있다.

화장품 시장이 급성장하는 과정에서 선진화를 이뤄낸 브랜드 샵의 성장에서는 많은 사람들이 기회를 보았다. 실제로 많은 기업들이 뛰어들어 성장시장의 과실을 따먹기 위해서 노력하고 있다. 하지만 그 치열한 경쟁의 뒤편에서 일어나는, 가치사슬의 다음 단계에서 벌어지는 변화에 눈을 기울였던 회사는 코스맥스와 한국 콜마 두 회사뿐이었고, 이들은 치열한 경쟁에서 벗어나 과점시장에서 안정적인 성장을 거듭해 나가고 있다는 점은 신사업을 고민하는 데 있어 큰 교훈이 된다.

마지막으로 한국 콜마와 코스맥스가 취하고 있는 최근 전략을 살펴보는 것도 흥미롭다. 한국 화장품 시장의 선진화라는 큰 물줄기에서 성공을 거둔 두 업체는 다음 성장으로 가려고 서로 다른 방향으로 움직이고 있다. 코스맥스는 한국과 같은 화장품 시장의 선진화가 다른 후발 국가에서도 이루어질 것이라는 예측하에 중국 시장에서 외주 전문 생산업체로서 선제적인 진입을 시도하였고, 중국 화장품 시장의 성장에 맞춰 큰 성공을 거두었다. 여기에서 더 나아가 최근에는 인도네시아와 미국에까지 같은 모델로 확장을 거듭하고 있다. 이와는 달리 한국 콜마는 화장품 산업에서의 선진화가 다른 산업에서도 이루어질 것이라는 예측하에 화장품에서 벗어나 제약산업으로 뛰어들었다. 제약산업에서도 전문적인 생산 외주가 이루어질 것이라는 기대에서 또 하나의 새로운 신규 사업을 벌이기 시작한 것인데

*전 세계 유명 화장품 브랜드가 카피하고 있는 BB크림은 한국 콜마, 최근 새롭게 유행하기 시작한 CC크림은 코스맥스가 개발하여 공급한 대표적인 히트상품이다

그 귀추가 주목된다. 두 기업 모두 한 시장, 또는 한 산업에서의 성공적인 진화가 다른 시장, 다른 산업에서도 이루어질 것이라는 예측에 기반해 신규 사업을 벌이고 있는 것인데, 이러한 신사업 발굴에 대해서는 뒤의 7장과 8장에서 더 자세히 다루도록 하겠다.

여기서 다시 강조하고 싶은 것은 세상의 트렌드에서 차별화된 시각을 갖고 기회를 포착하려면 당장 눈앞에 보이는 변화에서 한 발 떨어져서 보다 큰 그림을 그림으로써 트렌드가 촉발하는 연쇄적 변화까지 볼 수 있어야 한다는 점이고, 그것이 바로 컨트라리언이 가져야 할 자세다.

시드릴과 올시즈

그럼 다시 앞에서 살펴보았던 시드릴의 성공스토리로 돌아가보자. 시드릴은 새로 생겨난 산업에 진입한 회사가 아니다. 이미 기존 강자들이 자리잡고 있던 산업에서 생긴 변화의 틈을 이용해 성공을 거둔 회사다. 어떻게 이것이 가능했는지를 이해하기 위해서는 유전개발의 역사를 간단히 살펴볼 필요가 있다. 원래 유전은 지난 100년 이상 육상에서의 개발이 중심이 되어왔다. 그러던 1970년대 들어 석유수출국기구(OPEC)들의 주도로 오일쇼크가 일어나고 유가가 폭등하면서 기존 유전이 아닌 새로운 유전에 대한 관심이 높아졌고, 특히 개발비 문제 때문에 과거에는 경제성이 낮다고 무시되었던 해양유전 개발이 본격적으로 시작되었다. 해양유전을 개발하려면 바다 밑으로 시추장비를 내려서 시추공을 뚫는 전문 작업이 필수다. 이에 따라 1970년대 초반에 해양시추를 전문으로 하는 많은 기업들이 생겨났다. 2010년 멕시코만에서의 폭발사고로 오명을 떨친 해양시추업계의 터줏대감 트랜스오션(Transocean)도 1973년에 설립되었다. 하지만 1970년 대 빠르게 성장하던 해양유전개발은 1979년 마지막 오일쇼크 이후 유가가 다시 급락하면서 성장을 멈추고 정체기에 접어들었다. 1970년대 활발하게 개발된 해양유전은 모두 천해(淺海), 즉 얕은 바다 밑에 있는 유전이었다.

해양유전 심해로의 이동

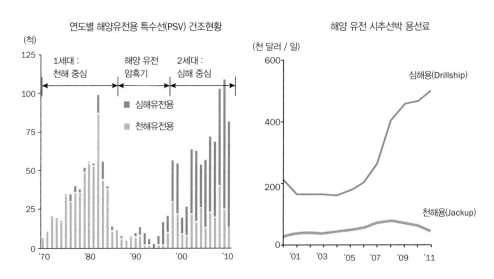

하지만 2000년대 들어 변화가 일어나기 시작했다. 중국을 중심으로 개발 도상국의 경제가 빠르게 성장하면서 에너지 수요가 급격하게 늘어나기 시 작했고, 이번에는 공급이 아닌 수요에서 촉발된 유가 상승이 시작된 것이 다. 늘어나는 수요를 맞추기 위해서 기존의 육상과 천해를 넘어서 심해(深 海), 즉 깊은 바다 밑의 유전까지 관심이 미치게 되었다.

높아진 유가가 높은 개발비로 인한 낮은 경제성을 상쇄시켜 줄 수 있을 것이라 기대되기 시작했다. 따라서 2000년대 초반부터 전 세계의 오일메이저들은 심해유전에 대한 탐사를 본격화하기 시작했다. 하지만 유전개발은 금방 진행되는 성격의 작업이 아니다. 어떻게 생겼는지도 모르는 수천 미터의 바다 밑에서 석유가 묻혀 있을 가능성을 여러 가지 방법으로 알아내고 바다 밑에 시추장비를 내린 후, 다시 수천 미터를 파 들어가서 석유를 확인해야 한다. 이를 물 위로 끌어올려 생산하는 해양유전 개발은 작게는 수조, 크게는 수십조 원의 막대한 자금이 투입되는 대형 프로젝트로서, 10년 가까운 준비를 거쳐야 생산이 이루어진다.

즉 탐사단계가 시작된다고 하더라고 이러한 심해유전 개발이 실제로 시추단계나 설치단계를 거쳐 운영단계까지 넘어오기까지는 10년 이상의 시간이 소요되는 것이다. 그런 이유로 2000년대 초반부터 탐사가 본격화되었음에도 불구하고 트랜스오션과 같은 기존 해양시추 업체들은 심해유전이라는 큰 변화가 다가오고 있다는 것을 충분히 자각하지 못했다. 실제로 트랜스오션이나 노블에너지(Noble Energy)와 같은 기존의 해양시추업체들이 심해유전용 시추선박에 본격적으로 투자를 시작한 것은 실제로 시장에서 유가가 급격하게 상승하면서 해양유전에 대한 관심이 본격화되고 시추수요가 늘어나기 시작한 2007년이 되면서부터였다. 하지만, 시드릴의 오너 존 프레드릭센은 심해유전의 탐사가 시작되는 것을 보고, 멀지 않은 미래에 심해유전 시추가 본격화될 것을 예측하고 남들보다 빠른 2004년 시추사업에 뛰어들었다. 그리고 노르웨이의 중견 시추기업인 스메드빅(Smedvig)을 인수함과 동시에 심해유전용 시추선박에 공격적인 투자를 시작하여 삼성중공업을 비롯한 조선업체에 대규모 주문을 내렸다.

해양유전개발 프로세스

프로세스	탐사	시추	설치	운영	철거
작업내용	• 지질학적 데이터의 분석 및 관리를 통한 해저 유전 탐사 사업	• 탐사를 통해 석유/가스 매장 가능성이 높은 지역에서 시추공 굴착 • 매장이 확인된 유정(油井)에 생산공 굴착	• FPSO, SURF와 같은 생산 설비 제작 • 유저에 SURF 등 해저 장비들을 설치하고 생산 플랫폼, FPSO등 해상의 생산설비와 연결	• 설치된 유전에서 실제 생산을 수행/관리하고 유지/보수	• 생산이 끝난 유전에서 설비들을 철거
기간	5~10년	2~5년	2~3년	5~30년	1~2년

한 가지 짚고 넘어갈 점은 선박이라는 것이 주문을 한다고 바로 만들어지는 물건이 아니라는 점이다. 2007년부터 심해유전의 시추가 본격적으로 시작되는 상황에서 때마침 시드릴은 미리 주문한 완성된 심해용 시추선들을 전달받기 시작했지만, 그제야 주문을 내기 시작한 기존업체들은 이 황금 같은 시기를 손가락을 빨며 보낼 수밖에 없었다. 2008년의 금융위기 탓에 급락한 유가에도 불구하고 에너지 수요가 증가할 것이란 굳은 믿음을 가진 시드릴은 지속적으로 시추선단을 늘려나갔고, 이를 바탕으로 2012년 이후에는 전 세계 심해시추 시장에서 1위로 올라섰다.

2004년 2조 원를 투자하여 설립된 시드릴의 시가총액은 10년이 채 지나지 않은 현재 22조 원(210억 달러)에 달한다. 시드릴의 성공은 신사업을 판단할 때 전체 산업, 전체 가치사슬을 바라봐야 하는 관점의 중요성을 보여주는 좋은 예다. 모든 산업에는 변화가 찾아오기 마련이고, 그 변화는 한 번에 갑자기 이루어지기보다는 산업의 한 구석에서부터 차례차례 밀려온다. 하지만 많은 기존 기업들은 변화가 눈앞에 닥쳐서야 이에 대한 대응을

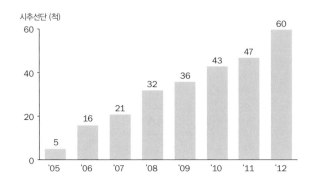

시드릴의 시추선단 규모

시추선단 (척)

하는 경우가 많다. 신사업을 발굴하는 입장에서 눈앞에 닥쳐온 변화를 기준으로 판단하는 것은 레드오션으로 뛰어드는 지름길이다. 보다 큰 그림에서 한 발 앞을 내다보는 시각이 필요하다.

그런 관점에서 보면, 해양유전개발 시장에서 또 하나의 재미있는 기업이 올시즈(Allseas)라는 스위스 기업이다. 원래 올시즈는 천해를 중심으로 해양유전과 생산설비를 연결하는 파이프를 설치하는 작업을 중심으로 하던 기업이었다. 2000년대 중반 들어 모든 해양유전 관련 기업들이 너도나도 심해유전개발로 무게중심을 옮기는 상황에서 올시즈는 완전히 다른 의사결정을 내렸다. 올시즈는 1970년대 대부분 설치된 천해용 해양유전설비가 조만간 수명을 다할 것으로 보고, 천해유전설비의 새로운 교체 및 철거시장에 집중해서 강자가 되는 방향으로 신사업을 전개하고 있다. 올시즈가 대우조선해양에 발주하여 건조 중인 피터쉘테(Pieter Schelte)라는 배가 있다. 올시즈의 창업자 이름을 붙인 길이 382미터, 폭 125미터의 초대형 선박인데, 배 두 척을 이어 붙인 것과 같이 기묘하게 생긴, 세계에 단 한 척밖에

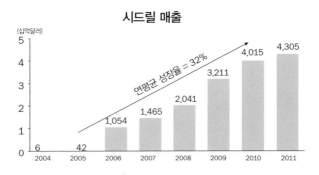

시드릴 매출

(십억달러)

연평균 성장율 = 32%

2004	2005	2006	2007	2008	2009	2010	2011
6	42	1,054	1,465	2,041	3,211	4,015	4,305

없는 배다. 이는 해양에 떠 있는 해양플랫폼 설치 및 철거를 효과적이고 선쉽게 하기 위해 배 가운데에 플랫폼을 올려놓고 바로 이동 및 작업이 가능하도록 만든 것이다. 올씨즈가 미래를 내다보고 만든 이 배는 효율 면에서 당분간 경쟁상대가 없을 것으로 시장에서 예측되고 있다.

아마도 에너지 산업은 세계에서 가장 천천히 변화하는 산업 중 하나일 것이다. 기존 기업들도 오랜 역사와 전통을 지닌 강자들이다. 하지만 그런만큼 기존 기업들은 변화에 둔감하고, 이에 대한 대응에 익숙하지 않다. 시드릴과 올시즈는 이런 틈을 이용해서 어떻게 신사업에 접근해야 하는지를 알려주는 교과서적인 성공사례다.

**컨트라리언으로서 신사업기회 발굴을 위한 첫 번째 자세:
변화의 순차적 확산에 주목하라**

지금까지 살펴본 몇 가지 사례들을 다시 되짚어보자. 모든 산업은 진화

시드릴과 트랜스오션의 주가 추이

(2005년 9월 14일 = 100%)

하고 변화를 맞이한다. 하지만 이런 변화는 한꺼번에 이루어지는 것이 아니고, 가치사슬을 따라 단계적으로 시간을 갖고 확산이 이루어지게 된다. 여기에 더해 기존 기업은 변화에 대해 보수적인 시각을 갖고 있기 때문에 이런 단계적 변화에 대한 이해와 대응이 느리다. 따라서 산업 전체의 변화를 큰 그림에서 이해하고, 변화의 순차적인 확산을 고려해본다면 앞으로

올씨즈의 피터쉘테

생겨날 새로운 기회를 남들과 다른 시각으로 볼 수 있다. 변화를 대할 때는 일차적으로 일어날 현상에 집중하는 것이 아니고, 이로 인해 이루어질 다음 변화, 그 다음 변화를 주의 깊게 생각해 볼 필요가 있다. 가치사슬에서 내 공급자의 공급자가 생각하는 시장의 변화, 고객의 고객이 생각하는 변화는 내가 생각하는 변화와 다를 것이다.

신사업 발굴을 위해서는 가치사슬 전체 관점에서 변화의 파급효과를 생각해보아야 한다. 이를 위해서는 컨트라리언으로서 기존 기업의 예상, 애널리스트의 예측, 산업분석가의 전망이 사실이 아닐 수 있다는 열린 사고를 하는 게 핵심이다. 그리고 시장이 모두 알고 있는 변화라 해도 모두가 집중하는 변화의 중심에서 한 발 뒤로 물러서서 그 변화가 일으킬 파급효과를 생각해본다면 더 나은 기회를 얼마든지 찾아볼 수 있을 것이다.

6

두 번째 기회 :

산업의 사이클을 이용한 사업기회

산업에서 이루어지는 순차적 변화를 이용해 남보다 한 발 먼저 아직 이루어지지 않은 변화를 꿰차는 것이 기회라면, 남들과 같이 또는 한 발 늦게 움직이는 것은 오히려 큰 위협이 된다. 여기서 생각해 볼 것이 산업의 사이클이다. 크건 작건 대부분의 산업에는 사이클이 존재하는데 이 사이클은 많은 경우 공급과 수요 간의 불균형에서 온다. 즉, 어떤 산업에서 시장이 성장하게 되면 수요가 빠르게 늘어나면서 공급 부족이 일어난다. 이는 시장을 선점한 선도업체에게 매력적인 초과수익을 안겨주면서 후발업체를 유인하게 된다. 다수의 후발업체가 앞다투어 시장에 진입하면 반대로 이번에는 수요 성장 속도보다 빠르게 공급 증가가 이루어지고, 공급이 수요를 초과하면서 가격이 하락하고 시장이 하강국면에 접어든다. 이렇게 수익성이 낮아지면 늦게 시장에 진입한 업체를 중심으로 퇴출이 일어나고, 다시 공급이 줄어들면서 한 사이클이 마무리되는 것이다.

앞서 첫 번째 기회로서 살펴본 것은 상승국면을 선점하기 위해 지금 시장에서 각광을 받고 있는 기회를 노리는 게 아니라 이로 인한 파급효과로서 생성되는 기회를 노려보자는 것이다. 그리고 남들이 모두 뛰어드는 기회는 오히려 한계를 맞을 가능성이 높아 위험하다는 것이었다. 그런데 이를 뒤집어 보면 남들이 모두 기피하는 상황은 바닥일 수도 있다는 생각도 가능하다. 한 번 구체적인 예를 살펴보자.

태양광의 처참한 실패

신재생에너지는 2000년대 들어서 웬만한 대기업이라면 한 번 정도는 고민했을 신사업 기회였을 것이다. 특히 일단 설비투자만 해놓고 나면 아무런 추가 자원투입이 없이 전기를 생산할 수 있는 태양광과 풍력은 많은 사람들에게 약속된 미래로 받아들여졌다. 여기에 더해 2000년대 중반 급격하게 상승하는 유가를 우려하면서 많은 국가가 신재생에너지를 지원하는 보조금 정책을 적극적으로 만들어냈고, 이는 태양광과 풍력에 대한 관심에 불을 질렀다. 전 세계의 수많은 업체들이 너도나도 태양광 사업에 뛰어들었고, 이는 다시 애널리스트와 산업분석가들의 장밋빛 전망을 이끌어냈다. 하지만 불과 5년 정도가 지난 2013년 현재 태양광 산업의 상황은 처참하다. 미국, 중국, 독일 할 것 없이 선도업체들 중에서 망하지 않은 업체를 찾기가 더 어려운 수준이다.

태양광 산업에서 실패한 업체 리스트

2010	2011	2012	2013 (상반기까지)
부도 또는 사업철수	부도 또는 사업철수	부도 또는 사업철수	부도 또는 사업 철수
• Advent Solar	• EPV Solar	• Abound Solar	• Bosch
• Applied Solar	• Evergreen	• AQT	• Concentrator Optics
• OptiSolar	• Solyndra	• Ampulse	• Suntech Wuxi
• Ready Solar	• SpectraWatt	• Arise Technology	
• Solasta	• Stirling Energy Systems	• Azuray	
• SV Solar		• BP	
• Senergen		• Centrotherm	
• Signet Solar		• CSG	
• Sunfilm		• Day4 Energy	
• Wakonda		• ECD	
		• Energy Innovations	
		• Flexcell	
		• GlobalWatt	
		• GreenVolts	
		• Global Solar Energy	
		• G24i	
		• Hoku	
		• Inventux	
		• Konarka	
		• Odersun	
		• Pramac	
		• Pairan	
		• Ralos	
		• REC Wafer	
		• Satcon	
		• Schott	
	매각	매각	매각
	Ascent Solar	• Oelmaier	• Diehl
	• Calyxo	• Q.Cells	• ISET
	• HelioVolt	• Sharp	• MiaSolé
	• National Semiconductor Solar Magic	• Solibro	• Nanosolar
	• NetCrystal	• Solon	• NuvoSun
	• Soliant	• Scheuten Solar	• Twin Creeks
		• SolFocus	• Wuerth Solar
		• Sunways	

왜 이런 일이 벌어진 것일까? 지금도 그렇지만 2000년대 중반 당시 태양광은 아직 완성된 기술이 아니었다. 이미 어느 정도 표준 기술이 확립된 풍력과는 달리, 태양광은 다양한 패널 기술이 여전히 발전 중에 있었고 어떤 상용화된 기술도 투자비를 상쇄하고 남을 만큼의 충분한 전력을 효과적으로 생산할 만한 효율이 없었다. 다결정 실리콘(Polysilicon) 기술을 이용한 태양광 패널에 집중 투자가 이루어졌지만 이는 그 시점에서 가장 앞서 있는 기술이었을 뿐 실제 경제성과는 거리가 있었다. 하지만, 급등하는 유가와 환경이슈, 그리고 신재생에너지를 육성하고자 하는 정부들의 보조금이 맞물리자 태양광이 마치 황금알을 낳는 거위인 듯한 착각이 생겨났고, 수많은 업체들이 마치 19세기의 골드러시 때와 같이 태양광 사업에 뛰어들었다. 너도 나도 달려드는 모습은 다시 정말 태양광 사업이 너무나도 매력적일 것이라는 환상을 강화했다. 그러다가 2008년 경제위기를 계기로 에너지 수급에 대한 객관적인 시각이 다시 자리를 잡게 되고, 재정적으로 어려움에 빠진 정부들이 보조금 정책을 축소하자, 태양광의 경제성이라는 것이 실제로는 경쟁력을 가지기에는 부족하다는 사실을 모두가 깨닫게 되었고, 지금까지 이루어졌던 막대한 투자는 그대로 공급과잉으로 이어지면서 결국 태양광 사업자들의 줄부도사태가 벌어졌다. 이런 한바탕 소란 속에서 실제로 돈을 벌고 성공한 기업은 OCI와 같이 태양광 산업이 막 본격화되려던 시점에 선제적으로 진입한 극소수뿐이고, 한창 피크에 진입한 대부분의 기업은 사라질 위기에 처했다. 웅진과 같은 기업은 심지어 단순히 하나의 사업 실패에 그치지 않고 그룹 자체가 사라질 위기까지 내몰렸다.

많은 산업에는 사이클이 존재한다. 그런데 많은 기업들은 신사업을 찾을 때 사이클이 한창 피크를 향해 달려가는 상황에서야, 뒤늦게 진입을 결정하는 경우가 많다. 보통 주식시장에서 이야기하는 '상투를 잡는' 의사결정이 흔하다. 남들이 다 좋다고 이야기하는 사업기회이고, 남들도 다 뛰어들고 있는 사업기회라면 이미 한 발 늦었다고 봐야 한다. 신사업으로서 의미를 가지려면 남들이 아직 뛰어들기 전에 한 발 먼저 뛰어들 수 있든가, 아니면 차라리 남들은 다 빠져 나오는 시점을 노리는 것이 맞을지도 모른다. 컨트라리언으로서의 자세가 필요하다는 것이다.

그런 점에서 한 가지 재미있게 살펴볼 것은 최근 태양광 시장의 변화다. 2000년대 중반부터 이루어진 엄청난 투자들로 인한 공급과잉은 결국 태양광 패널 가격의 급격한 하락을 부추겼다. 이렇게 가격이 급락한 패널 덕분에 투자비를 크게 절감할 수 있게 되면서 최근 들어서는 태양광 발전 사업의 경제성이 과거 태양광 사업이 한창 붐이었을 때보다 훨씬 개선되었고, 2012년 바닥을 찍었던 태양광 패널 수요가 최근 다시 조금씩 살아나고 있다. 이미 많은 업체가 망해 사라진 상황에서 증가하는 수요는 살아남은 소수의 업체에게는 기회를 제공해줄 것이라는 기대 역시 조금씩 고개를 들고 있다. 한 예로 많은 업체가 어려움을 겪는 상황에서 한화그룹은 오히려 적극적으로 망해가는 전 세계 태양광 업체들을 인수해서 몸집을 더 불렸고, 이를 바탕으로 미래 태양광 기술이 더 발전하고 더 나아진 경제성이 갖추어진 상황에서 시장을 지배해보겠다는 야심 찬 전략을 펼치고 있다. 어찌 보면 바닥에서 투자하는 컨트라리언적 접근이라 할 수 있는데 지금까지보다는 앞으로의 결과가 기대된다.

대표적인 사이클 산업, 해운업의 사례

해운산업은 둘째라면 서러울 정도로 극단적 사이클을 보이는 대표 산업이다. 2008년 전 세계의 경제위기 때 대부분의 시장 역시 급격히 하락했지만, 해운산업을 보면 다른 시장에서의 하락은 별거 아닌 것처럼 느껴질 정도다. 예를 들어 대표적 해운업 지수 중 하나인 BDI(Baltic Dry Index, 발틱운임지수)의 경우, 2008년 12,000이 넘었던 것이 경기가 하강국면이 벌어지자마자 불과 3개월 뒤에는 97%가 하락한 400 아래까지 떨어지기도 했다.

BDI

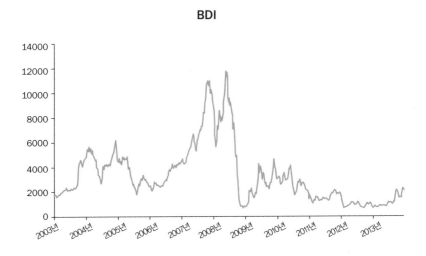

2000년대 초반부터 세계 경기가 호황에 접어들고, 특히 중국 경제가 성장하면서 전 세계의 자원들을 마구 수입하기 시작하자, 철광석, 석탄, 목재 등을 실어 나르는 벌크선박의 수요가 크게 늘었다. 그러자 벌크선박의 용선료가 올라가기 시작했고, 이를 본 많은 기업들이 너도 나도 벌크선을 주

문하기 시작했다. 거시경제에 대한 이해를 바탕으로 벌크 시장의 밝은 미래를 내다보면서 일찌감치 벌크에 투자했던 선진 해운기업들과는 달리, 한국의 해운회사들은 시장이 이미 뜨거워질 대로 뜨거워진 2000년대 중반이 되어서야 벌크 거품에 동참했고, 얼마 지나지 않아 꺼져버린 거품의 직격탄을 맞았다. 재벌그룹에 속하지 않은 독립 해운사 중에 가장 큰 규모를 자랑하던 대한해운은 법정관리에 들어갔고 STX해운은 그룹 전체가 붕괴될 정도로 여파가 미쳤다. 선도 업체인 한진해운 역시 컨테이너 중심의 사업구조에서 거양해운 합병을 통해 벌크로 외연을 넓히려다가 유동성 위기에 처해 있다. 사실 이런 사태는 2008년만의 일은 아니다. 한국의 해운회사는 사이클의 피크마다 거품에 동참했다가 나가떨어지는 일을 반복해왔다. 한국의 해운기업이 비쌀 때 사서 쌀 때 파는 일을 되풀이하면서 어려움에 빠져 있는 동안 외국의 투자자들은 최근 들어 값이 싸진 벌크선박을 사 모으고 있다. 아마도 진정한 승자는 이들이 될 가능성이 높다.

이러한 산업 사이클은 특히 대규모의 투자가 이루어지는 장치산업에서 흔한데, 반도체·조선·철강 등과 같은 장치산업에서는 공급 변화가 쉽게 이루어지기 어렵기 때문이다. 예를 들어 선박의 경우, 시장이 살아날 것이라고 예상하여 주문을 하더라도 실제 조선소에서 선박이 생산되어 나오기까지는 발주로부터 2~3년의 시간이 필요하다. 그러다 보니 수요가 늘어나는 초기에 주문이 들어갔다 하더라도 실제 공급이 늘어나기 시작하는 시점까지는 공급부족이 심화될 뿐이고, 이는 시장에 새롭게 들어가고자 하는 사람들에게 시장이 더욱 매력적으로 변화하고 있다는 착각을 하게 한다. 그뿐 아니라 수요가 줄어들기 시작한다고 하더라도 이후 상당 기간 동안 이미 주문한 물량이 있기 때문에 이에 대한 공급이 이루어질 때까지는 계속 공급이 늘어나기 때문에 보다 심각하게 폭락이 일어난다. 이런 과도한 폭락은 거꾸로 기회가 될 수 있다. 많은 경제학 이론에서는 시장참여자의 합리적 행동을 가정하고 있지만, 이는 장기적인 관점, 큰 그림에서는 사실일지 몰라도 실제 기업의 행동은 그렇지 않은 경우가 많다. 어떤 사업이 좋다는 것이 알려지면 많은 기업들이 앞뒤를 재지 않고 사업에 뛰어들고, 반대로 사업이 피크를 지나간다는 것이 알려지면 정신없이 이를 내던진다. 태양광과 해운업은 이를 잘 보여주는 사례다. 만약 어떤 신사업기회를 찾았는데 그 사업에 여러 기업이 너도나도 뛰어들고 있다면, 이는 이미 늦었을 가능성이 매우 높다. 진정한 신사업을 찾는다면 거꾸로 남들이 앞다투어 빠져 나오고 실패의 곡소리가 여기저기서 들려오는 곳을 찾는 게 오히려 가능성이 높을 것이다. 하지만 단순히 바닥을 찾겠다라는 것만으로는 충분치 않다. 보다 구체적인 사업기회를 판단하기 위해서는 산업의 사이클을 조금 더 뜯어볼 필요가 있다*.

산업이 성장기를 지나 피크로 접어들게 되면 일반적으로 가격경쟁이 벌어진다. 성장기에서야 누구나 쉽게 돈을 벌 수 있지만, 이때부터는 경쟁이 심해지면서 수익성이 떨어진다. 이 상황에서는 경쟁자보다 조금이라도 더 효율적인 비용구조를 만들어내는 쪽에 승산이 있다. 일반적으로는 이때 인수합병으로 몸집을 불려 규모의 경제를 이루려고 통폐합을 생각하지만, 신사업기회라는 점에서는 조금 다른 각도에서 생각할 필요가 있다.

산업은 지속적으로 진화한다. 새로운 기술과 혁신이 등장하면서 가장 일반적으로 이루어지는 진화는 단위비용 하락이다. 보통은 새로 나온 기술

---

*사이클을 사업의 특성에 따라 어떤 관점에서 접근하여야 하는지에 대해서는 15장에서 보다 심도있게 다루고 있다.

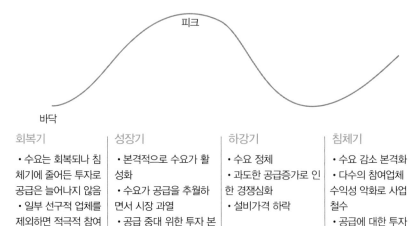

산업의 라이프 사이클

피크

바닥

회복기	성장기	하강기	침체기
• 수요는 회복되나 침체기에 줄어든 투자로 공급은 늘어나지 않음 • 일부 선구적 업체를 제외하면 적극적 참여는 부족	• 본격적으로 수요가 활성화 • 수요가 공급을 추월하면서 시장 과열 • 공급 증대 위한 투자 본격화 (투기적 투자 포함) • 설비가격 인상	• 수요 정체 • 과도한 공급증가로 인한 경쟁심화 • 설비가격 하락	• 수요 감소 본격화 • 다수의 참여업체 수익성 악화로 사업 철수 • 공급에 대한 투자 급감

이나 제품의 효율이 더 좋다. 이 점을 잘 생각할 필요가 있다. 앞서 살펴본 대로, 비용경쟁력이 중요한 때는 시장이 피크를 지나 대부분의 기업들이 어려움을 겪는 시점이다. 이 어려움을 이겨내고 살아남은 기업에게는 다시 회복기에 좋은 기회가 찾아온다. 그런데 여기서 한번 가정해보자. 두 개의 기업이 있다. 한 기업은 산업이 한창 피크였던 과거에 많은 투자를 했던 기업이고, 다른 한 기업은 피크가 지나고 하강국면에서 새롭게 투자를 한 기업이다. 어떤 기업이 비용경쟁력 면에서 더 나을까? 당연히 하강국면에서 투자를 한 기업일 가능성이 높다. 우선 피크 때 투자했던 기업은 너도나도 설비를 사려고 경쟁하던 시점에서 투자를 했을 테니 같은 설비라도 비싸게 샀을 것이다. 하지만 이보다 중요한 것은 새 설비가 더 효율이 좋고 더 비용경쟁력이 있을 것이기 때문이다.

여기서 살펴볼 것은 최근의 컨테이너 시장이다. 2000년대 중반에 있었던 전 세계 경제 성장은 벌크해운에만 영향을 준 것이 아니다. 2008년의 경제위기로 전 세계 경제가 침체에 빠지자 컨테이너 해운 역시 벌크만큼은 아니지만 크게 출렁거렸다. 시장이 어려워지면서 많은 컨테이너 선사들이 매우 낮은 수익성에 시달리게 되었다. 이 상황에서 일부 컨테이너 선사들은 언뜻 봐서는 이해가 가지 않는 움직임을 시작했는데, 바로 공격적으로 신형 컨테이너선박 발주에 나선 것이다. 과거 대륙간 항로에 이용되던 대부분의 컨테이너 선박은 8,000에서 10,000TEU* 규모가 일반적이었다. 하지만 2010년 이후에는 이보다 50% 이상 큰 15,000에서 18,000TEU 급의 메가컨테이너선박들이 발주되기 시작했다. 이렇게 큰 선박으로 운송을 하면 컨테이너 하나 당 운송단가가 내려간다. 여기에 더해 전 세계 경제침체 탓에 선박발주가 급감하면서 조선소들 역시 이전보다는 훨씬 낮은 가격에 선박을 건조해주게 되었다. 따라서 15,000TEU급 선박을 운행하는 경우, 기존의 10,000TEU급 대비 10% 이상의 비용경쟁력을 갖게 된다. 이러한 가격 차이는, 특히 산업 전체의 수익성이 낮아져 생존경쟁을 벌여야 하는 상황에서는 엄청난 의미가 있다. 산업의 사이클을 이용하여 신사업을 발굴하고자 할 때, 반드시 고려하여야 하는 것이 바로 이 점이다.

단순히 바닥에 시장으로 진입하겠다는 것만으로는 충분하지 않다. 오히려 모든 업체들이 어려움을 겪고 있는 상황에서 새로운 기술을 가지고 진입할 수 있다면 기존 업체들보다 훨씬 나은 비용경쟁력, 제품경쟁력을 확보할 수 있으므로 이는 매우 중요한 기회가 된다.

---

*TEU: Twenty-foot Equivalent Unit의 약자로 컨테이너에서 사용되는 단위다. ISO 표준 컨테이너의 사이즈가 20feet (약 6.1m)인 데서 유래한 것으로, 컨테이너 선박에서는 이러한 표준 컨테이너를 몇 개나 실을 수 있는가를 가리키는 숫자로 사용된다. 즉 8,000 TEU급 선박이라고 하면 표준 사이즈의 컨테이너를 8,000개 실을 수 있는 크기의 선박이라는 의미다.

구글의 지메일은 후발업체임에도 어떻게 성공할 수 있었을까?

잘 알려진 것처럼 구글의 지메일(Gmail)은 후발업체였음에도 불구하고 현 시점에서 이메일 시장을 완전히 장악하고 있다. 당시 세계적으로는 야후(Yahoo)나 마이크로소프트가 인수한 핫메일(Hotmail)이, 한국만 해도 다음의 한메일(Hanmail)이 이미 시장에서 자리를 단단히 잡고 있었다. 하지만 구글은 당시로서는 혁신적인 1기가바이트의 저장공간을 무료로 제공하면서 사용자들의 환호성을 자아냈다. 어떻게 후발업체인 구글이 시장을 주름잡고 있던 선도업체보다 더 많은 무료 저장공간을 제공할 수 있었던 것일까? 그 이유는 구글이 시장에 진입한 타이밍에 있다. 무어의 법칙(Moore's law)으로 잘 알려진 것처럼 컴퓨터와 반도체 산업은 매우 빠르게 진화한다. 단위당 가격이 급속하게 하락하는 것이다. 핫메일은 1996년 서비스를 시작한 이후로 선도업체로서 많은 사용자를 확보했고, 이들에게 무료 이메일을 제공하기 위해서 스토리지(storage)에 많은 투자를 이미 해두고 있었다. 이들이 서비스를 시작하던 1996년에 주어지던 무료 저장공간은 2메가바이트였고, 이후 지속적인 대규모 투자가 이루어졌다. 2000년대 초반에 접어들어서도 핫메일 입장에서는 그때까지의 투자비를 감안할 때, 합리적인 무료저장공간은 10메가를 넘기 어려웠다. 하지만 지메일은 달랐다. 훨씬 뒤늦은 시점에 새로이 사업을 시작한 지메일은 훨씬 저렴한 가격에 스토리지 투자를 할 수 있었고, 이 덕분에 기존 업체 핫메일로서는 불가능한 1기가바이트를 무료 저장공간으로 제공하면서도 비용경쟁력을 갖출 수 있었던 것이다. 이에 대응하여 핫메일도 저장공간을 크게 늘렸지만 그조차도 250메가바이트가 한계였다. 비용이 비싼 시절에 이루어진 막대한 투자 탓에 핫메일은 도저히 지메일을 따라잡을 수 없었고, 이는 결국 완전한 역전으로 이어졌다.

컨트라리언으로서 신사업기회 발굴을 위한 두번째 자세:
산업의 사이클 변화를 주목하라

앞서 컨테이너 선박에서도 그렇지만 지메일의 사례는 사이클을 이용한 신사업기회를 찾는 데에서 중요한 단서다. 매력적인 신사업기회에 진입하는데 꼭 초기에 진입할 필요가 없을 수도 있다는 것이다. 많은 경쟁자들이 앞다투어 달라붙는 시점보다 오히려 산업이 충분히 발전하고 기술의 완성도가 높아진 시점에 더 나은 진입 기회가 있을 수 있다. 따라서 산업의 사이클을 이해하면서 그 와중에 변화하는 산업 기술과 비용구조를 뜯어보는 것은 새로운 사업기회를 찾는 좋은 방법이다.

생각해보면 삼성전자의 반도체 사업이나 액정디스플레이(LCD)사업의 성공도 같은 맥락에서 잘 이해될 수 있다. 삼성전자가 메모리반도체나 액정디스플레이를 개발한 것이 아니다. 삼성전자는 일본이나 미국, 독일의 선도업체들이 새롭게 기술을 개발한 시점이 아니라, 기술이 완성되고 시장에서 이제 어느 정도 투자가 완료되어 경쟁구도가 정리되었다고 보는 시점에 뒤늦게 진입하여 멋지게 역전에 성공했다. 여러 가지 성공요인이 있지만 그중에 후발업체였기 때문에 가질 수 있었던 경쟁우위도 무시할 수 없다.

그런 점에서 앞에서도 잠깐 언급했지만 한화그룹의 태양광 사업의 미래는 관심 있게 지켜볼 만하다. 물론 진입 자체가 너무 빨랐고, 이 때문에 많은 투자금액을 까먹었지만, 치열하던 경쟁자들이 하나둘씩 사라져가고 기술 진화가 계속 이루어지면서 경제성이 향상되어가는 최근의 상황이라면 앞으로는 매력적인 기회로 변화할 가능성이 있기 때문이다.

7

세 번째 기회 :

다른 시장에서 빌려올 수 있는 신사업기회

지금까지는 어찌 보면 이미 시장에서 모두가 알고 있는 기회들을 어떻게 나에게 유리한 방법으로 활용하여 구체적으로 사업화하는가에 대한 사례들을 살펴보았다. 지금부터는 아직 시장에 제대로 존재하지 않거나 알려지지 않은 것들을 어떻게 기회로 바꾸어낼 것인가라는 방향에서 논의해보자.

먼저 살펴볼 것은 나보다 앞선 다른 시장으로부터의 아이디어를 활용하여 새로운 사업기회를 찾아내는 것이다.

가난한 아프리카 시장을 열어젖힌 SAB밀러의 신개념 맥주

2000년대 들어 개도국의 경제성장이 중요한 화두가 되었지만 아프리카 시장은 사실 잊혀진 시장이었다. 하지만 최근 들어 브릭스(BRICs) 국가들의 성장세가 주춤하고, 천연자원을 통해 나이지리아 등 서아프리카 국가들을 중심으로 경제성장이 본격화되면서 아프리카 시장이 10억 인구를 보유한 새로운 미래 성장시장으로 관심을 받고 있다. 최근 들어 코카콜라도 아프리카 시장에 앞으로 10년 동안 120억 달러(약 13조 원) 투자할 것을 발표했다. 하지만 아직까지는 소득 수준이 낮아 실제 시장으로서의 의미를 가질 때까지는 상당한 시간이 필요할 것이라는 의견이 많았다. 하지만 세계 2위의 맥주회사인 밀러(SAB Miller)는 새로운 방식의 전략을 통해 아프리카 시장을 뚫어냈다.

술이라는 것은 전 세계 어디서나 소비되는 상품이다. 하지만 아프리카에서는, 최근까지만 해도 술을 사 마시기보다 집에서 직접 만들어 마시는 전통주가 일반적이었다. 낮은 소득 수준 때문에 제대로 된 술은 일부 부유층을 제외하면 거의 마시기가 어려운 상황이었다. 여러 회사들이 맥주를 판매해보려 했으나 속도는 매우 더뎠다. 이런 상황에서 밀러는 다른 시장에서 힌트를 찾았다. 일본에서는 발포주(發泡酒)라고 하는 독특한 개념의 맥주가 판매되고 있다. 일본에서는 맥주에 대해서 리터당 220엔이라는 높은 세율을 물리고 있는데, 주세법상으로 맥주는 맥아와 호프를 50% 이상 이용해서 만드는 술로 엄격하게 규정되어 있다. 이런 상황에서 일본 맥주 회사들은 더 싼 맥주를 만들기 위해 맥아와 호프를 규정보다 적게 사용함으로써 가격에서 비중을 차지하는 세금을 낮추는 편법을 찾아냈는데 이것이 발포주다. 보통 술은 기본적으로 탄수화물을 당발효시켜 만드는데, 맥아와 호프 대신 쌀, 옥수수 등 다른 탄수화물 원료를 이용하는 유사(類似) 맥주제품을 만들어 낸 것이다. 맥아와 호프를 25% 이하로 사용하는 경우, 주세가 리터당 134.25엔으로 크게 낮아져 가격을 낮출 수 있는 점에 착안했다. 여기에 비싼 맥아와 호프 대신 값싼 원료를 사용하니 가격을 더욱 낮출 수 있었다. 밀러가 착안한 것이 바로 이것이었다. 어차피 고객들이 맥주맛에 익

숙해져 있는 것도 아닌 상황에서 비싼 수입원료인 맥아와 호프에 집착해서 팔리지도 않는 비싼 맥주를 만들 게 아니라 아프리카에서 쉽게 구할 수 있는 아주 값싼 원료를 대신 사용하여 값싼 맥주를 개발하기로 한 것이다. 이미 아프리카에서는 바나나, 카사바(Cassava) 등을 비롯해 다양한 토착식물을 사용한 전통주가 많이 만들어지고 있었다. 이 중 밀러는 카사바에 주목했다. 카사바는 타피오카(Tapioca)로도 많이 알려져 있는데, 특히 열대 지방에서 아주 잘 자라고 다량의 탄수화물이 함유되어 있어 아프리카에서는 주식으로 섭취하는, 풍부하고 저렴한 식물이다. 한국에서도 전분을 만드는 원료로 수입하여 이용하고 있다. 카사바를 이용해 맥주를 생산함으로써 아프리카 열대지방에서는 잘 자라지 않는 원료를 사용하는 일반 맥주보다 크게 생산비를 낮출 수 있었다. 더구나 세금에서도 이점이 있었다. 예를 들어 가나(Ghana)에서는 수입산 원료를 30% 이상 사용해 만든 주류는 47.5%의 세금을 내야 하지만, 자국산 원료를 사용하는 경우에는 10%만 내면 된다. 이를 통해 밀러는 기존 맥주의 절반에 불과한 병당 1.2세디(cedi)*, 약 600원 정도에 소비자에게 판매되는 이글(Eagle) 맥주와 임팔라(Impala) 맥주를 선보일 수 있었다. 그리고 이런 저렴한 가격을 통해 맥주를 처음 접해보는 소비자들을 끌어들이면서 빠르게 아프리카 시장을 선점해 나가고 있다.

　밀러의 이글맥주는 새로운 성장기회를 찾기 위한 아이디어의 세 번째 단서를 제공한다. 혁신이라는 것은 아무것도 없는 제로베이스에서 천재적인 창의성과 상상력만으로 만드는 것이 아니다. 잘 둘러보면 다른 시장에 참

---

*Cedi: 가나의 화폐 단위로 2013년 7월 기준 1세디는 0.45달러다.

고할 만한 아이디어가 분명히 있다. 특히 나보다 앞선 선진시장이 어떻게 흘러갔는지는 가장 우선적으로 검토해볼 만한 재료다.

천재적인 카피 모델, 로켓인터넷

앞서 살펴본 로켓인터넷은 선진시장을 참고하여 신사업을 만들어 내는 분야에서 탁월한 모범사례라 할 만하다. '에이, 그런 카피모델이 뭐 대단하다고요'라고 무시하는 사람들이 제법 있지만 가만 생각해보면 한국의 인터넷 사업 중에서 그렇지 않은 것이 몇 개나 되나? 가장 성공한 인터넷 사업이라고 할 네이버는 미국의 야후, 구글과 같은 검색포털을 카피하여 시작한 사업이고, 다음도 핫메일의 한국 버전에서 시작한 회사이며, 옥션 역시 이베이를 베껴서 만든 것이 시작이었지 않은가. 로켓인터넷의 대단한 점은 단순한 카피에서 머무른 것이 아니고, 지속적으로 선진 시장을 모니터링하면서 개발도상국에 적용 가능한 새로운 모델들을 찾아내고, 적합한 나라를 골라 각 나라의 상황에 맞춰 신속하게 초기 성과를 만들어 낸 후, 이를 매각하는 일련의 독창적인 프로세스를 체계적으로 확립했다는 점에 있다.

단순히 미국 시장과 동일한 사업모델을 벌이는 회사에 투자하는 것이라면 사실 벤처캐피탈이나 앤젤투자자와 별로 다를 것이 없다. 로켓인터넷은 자신들이 직접 사업아이템을 고르고 이를 실행할 경영진을 뽑아 실행시킨다. 매킨지(Mckinsey)나 베인(Bain)과 같은 세계적인 전략컨설팅 회사나 골드만삭스(Goldman Sachs), 모건스탠리(Morgan Stanley) 등의 유수 투자은행에서 일하고 있으며 야심 있는 그 나라의 인재를 기존 연봉보다 더 많은 연봉을 주고 영입하여 체계적으로 사업계획을 만들게 한 다음, 사업을 런칭하고 해당 사업의 최고경영진으로 앉힌다. 아이디어와 열정에 의존하기보다는, 아이디어가 이미 정리가 된 상황에서 선진국의 케이스를 분석하고 합리적인 전략과 의사결정을 통해 성공확률을 높이는 것이다. 가야 할 방향이 명확한 상황에서 이를 실행해 나가는 것이니 뜨거운 열정보다 차가운 머리를 이용하겠다는 전략이다. 여기에 더해 작은 금액으로 조금씩 규모를 늘려갈 수밖에 없는 일반 벤처기업과는 달리, 필요한 경우 대규모의 자금을 쏟아부음으로써 최대한 사업을 빠르게 정상궤도로 끌어올린다. 보통 한국의 벤처캐피탈 규모가 수백억 원 수준인데 비해, 로켓인터넷은 1조 원이 넘는, 상상하기 어려운 수준의 자금을 운용하고 있고, 2013년 만도 4천억 원이 넘는 자금을 추가로 조달했다. 충분한 성과가 나올 경우, 확실하게 보상을 해주고, 실적이 좋지 않을 경우, 최고경영진을 해고하는 것도 신속하게 해치우는 철저한 성과지상주의로 사업을 벌이고 있는데, 지금까지는 멋지게 성공을 거두고 있다.

이들의 투자 포트폴리오를 보면 두 가지 특징이 있다. 하나는 매우 다양한 국가에 진출해 있다는 것이고, 같은 사업을 여러 나라에서 동시에 벌이고 있다는 것이다. 로켓인터넷의 최고경영진은 독일인들이고, 현재 아시아 지사의 최고경영자는 스웨덴 출신인데, 미국에서 성공한 사업모델을 미얀마에까지 적용하는 이들의 사업모델은 특히 요즘같이 세계화된 시대에 신사업이라는 것을 얼마나 다양하고 폭넓게 생각할 수 있는지, 많은 시사점을 던져준다.

마지막으로 지금 우리가 살고 있는 세상이 얼마나 빨리 바뀌었는지 생각해보자. 20세기와 비교해서 지금 세상이 가장 달라진 점을 꼽으라면 정보화와 세계화를 들 수 있을 것이다. 다른 나라에서 어떤 사업들이 성공하고 있는지, 세계의 선도 기업들은 어떤 사업을 벌이고 있는지 조금만 인터넷을 찾아보면 아주 쉽게 알 수 있다. 이렇게 세계가 과거보다 훨씬 가까워지면서 나라 간 차이가 많이 줄어들었다. 다시 말하면 한 나라에서 성공한 사업모델이라면 다른 나라에서도 성공할 가능성이 높아졌다고 할 수 있을 것이다. 그런데 제대로 신사업을 찾아보려고 한다면 단순히 사업모델 하나만을 생각할 것이 아니고, 조금 더 큰 관점에서 생각해볼 필요가 있다. 즉, 어쩌다가 튀어나오는 하나의 신기한 아이디어가 아닌 여러 사업들이 모여서 이루어내는 것이 산업이라는 관점에서 같은 접근을 할 수 있다. 선

로켓인터넷의 투자 포트폴리오 및 진출 국가

진국에서 이미 이루어진 산업의 진화는 다른 나라에서도 같은 형태로 이루어질 가능성이 높다. 이런 관점에서 신사업을 찾아보는 것도 좋은 접근이다.

전통산업에서의 멋진 진화, CJ그룹

원론적으로 모든 산업은 효율을 증대하는 방향으로 진화한다. 가장 기본적인 진화의 모습은 가내수공업 형태에서 규모의 경제로 가는 기업화다. 언뜻 생각해보면 '가내수공업이야 수세기 전의 구닥다리 이야기고, 요즘 세상에 가내수공업이 어디 있어?'라고 이야기할지 모르겠지만, CJ그룹은 21세기 이 시점에 바로 이 가내수공업을 기업화시켜 나가면서 빠르게 성장하고 있다.

원래 CJ그룹은 설탕과 밀가루를 생산하던 제일제당을 바탕으로 삼성그룹으로부터 떨어져나오면서 형성된 그룹이다. 식재료를 생산하는 대규모 제조업을 바탕으로 하여 케이블 TV와 영화, 콘텐츠 사업으로 확장을 하면서 성장해 왔으나 2000년대 중반부터 의미 있는 신사업을 본격화했는데, 바로 이들의 핵심사업이던 설탕과 밀가루 생산의 인접 영역에서였다.

이미 충분히 기업화가 이루어져 소수의 기업이 대규모 생산시설에서 제품을 만들어내던 밀가루, 설탕 생산과는 달리 전체 가치사슬의 나머지 대부분에서는 가내수공업 형태가 대세를 이루고 있었다. 최근 들어 정부의 중소기업 상생 정책으로 기사거리가 되었던 두부와 같은 다른 식재료 생산은 말할 것도 없거니와 무엇보다 설탕과 밀가루를 이용해서 완제품을 만들어 파는 빵집과 식당은 거의 대부분이 가내수공업 형태로 돌아가고 있었다. CJ는 이런 가내수공업 형태의 가치사슬 영역을 기업화 형태로 선진화시키는 것을 그룹 차원의 신사업으로서 종합적으로 추진하고 있다.

우선 빵집의 경우, 뚜레쥬르라는 프랜차이즈 브랜드를 통해 기업화하면서 시장을 한 단계 발전시켰다. '동네 빵집이 없어지고 있어서 문제'라는 감성적인 기사가 나오고는 있지만, 뚜레쥬르나 파리바게뜨와 같은 기업형 빵집들이 들어선 후, 당장 케이크만 하더라도 많은 발전이 있었음은 부인하기 어려울 것이다. 국내외의 유명한 빵들을 벤치마킹하고, 제대로 된 고객 조사를 해서 신제품을 디자인하고, 대규모로 구매해 비용을 절감한 후, 큰 공장에서 반제품 형태로 가공된 반죽을 배송하여, 표준화된 매장에서는 오븐에서 굽기만 하면 되는 프로세스를 통해 나오는 빵은 100점짜리는 아닐지 몰라도 80점 이상의 안정적인 품질을 보증하면서, 기존의 빵집 산업을 근본적으로 변화시켰다. 이를 바탕으로 최근에는 다양한 음식점들을 프렌차이즈화하면서 시장을 장악하고자 하는 것으로 보인다. 개성이 사라진다거나, 손맛이 없다는 불만들은 있지만, 한국의 많은 음식점들이 실제로는 위생에서는 말할 것도 없고, 음식의 질에 있어서도 그리 뛰어나다고 보기 어렵다는 점을 감안하면, 프랜차이즈라는 시대의 물결을 통해 한 단계 진화할 것임은 당연하다. 실제로 한국에 제대로 된 서양요리가 소개되고 서양 레스토랑의 품질이 높아진 것도 TGI 프라이데이나 베니건스와 같은 기업화된 패밀리 레스토랑 체인들이 본격적으로 성장하면서부터였다. 아마도 미래의 요식업에는 탁월한 요리사와 센스 있는 경영진이 결합해 90점 이상의 요리를 내오는 고급식당과 프랜차이즈를 통해 안정적으로 80점 정도의 맛을 제공하는 식당의 두 종류만이 살아남을 수 있을 것이다.

어쨌거나, CJ는 1인가족이 증가하고, 맞벌이 부부가 늘어나며, 점점 더 바쁜 세상이 되면서 늘어나는 외식 시장의 성장에 기반하여, 아직 후진적인 외식산업을 선진화시키는 데에서 기회를 찾은 것이다. 그런데 사실 여기서 살펴보려는 것은 CJ의 외식사업이 아니다. CJ가 새롭게 벌이고 있는 사업 중에 CJ프레시웨이라는 기업이 있다. 원래는 구내식당 같은 급식

사업을 벌이던 업체인데, 최근에는 식자재 가공 및 유통이라는 신사업에서 큰 성공을 거두고 있다. 과거 식당들은 완전한 가내수공업 형태로 음식을 준비해왔다. 즉 요리사가 직접 장을 봐서 양파껍질을 벗기고, 생선을 다듬고, 쌀을 씻어 손님 식탁에 내어놓았던 것이다. 하지만, 식당들이 프랜차이즈화되면 빵집에서와 유사한 형태의 프로세스 개선이 이루어지게 된다. 즉 대규모로 식자재를 구매하여, 이를 공장에서 일차적으로 세척, 가공한 후에 이를 쉽게 조리할 수 있도록 포장하여 식당에 가져다 주는 것이다. 지금까지는 소규모의 소매상인들이 자기 동네의 음식점들과 거래를 해왔지만, CJ는 앞으로 한국의 외식산업이 성장하면서 프랜차이즈도 성장하면, 이러한 식자재 가공 및 유통도 기업화되어 효율 증대가 이루어질 것이라고 보고, CJ프레시웨이를 통해 적극적으로 시장을 개척해 나가고 있다. 요식업이라고 하면, 대부분의 대기업은 신사업으로 생각하지도 않고 무시하기 쉬운 산업이겠지만, 시장규모를 따져보면 그럴 일도 아니다. 외식산업의 시장규모는 77조 원에 달하며, 외식업체에 공급되는 식자재만도 27조

식자재 가공 및 유통 구조
(출처: 삼성증권)

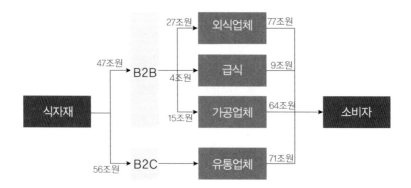

원에 달한다. 여기에 급식이나 가정으로 직접 팔리는 것까지 합하면 식자재 가공 및 유통의 시장규모는 100조 원을 뛰어넘는다.

이런 거대한 시장이 한국에서는 영세 도소매 상인들을 중심으로 운영되어 왔지만 선진국에서는 일찌감치 외식업 자체의 기업화와 함께 식자재 가공 및 유통에서도 기업화가 이루어졌다. 미국의 대표적인 식자재 가공 및 유통 전문업체인 시스코(Sysco)의 경우 매출만도 450억 달러(50조 원)에 이르고, 시가총액도 500억 달러, 즉 55조 원에 달한다. 대형 업체들이 전체 시장의 기업화를 주도하면서, 전체 식자재 가공 및 유통 시장의 60%가 이러한 대형 업체들에 의해 이루어지고 있다. 하지만 한국에서는 2000년대 초반까지만 해도 시장의 거의 100%를 영세 업체들에 의해서 운영되어 왔는데, CJ는 한국에서도 미국과 같은 기업화를 목표로 사업을 벌이고 있는 것이다. CJ프레시웨이가 본격적인 식자재 가공 및 유통사업에 뛰어들어 최근 5년간 연 25%의 속도로 성장하면서 2010년에는 매출 1조 원을 돌파했지만, 아직도 한국의 기업화율은 5% 수준에 지나지 않는다. CJ프레시웨이는 이런 기업화율을 끌어올리면서 지속적인 성장을 할 수 있을 것으로 예상된다.

CJ 사례에서 생각해 볼 것은 두 가지다. 하나는 산업의 선진화라는 것은 신사업을 찾는 매우 중요한 축이라는 점이다. 모든 산업은 효율을 증대시키는 방향으로 발전하며, 선진국에는 한국이 아직 이루지 못한 진화가 이미 이루어져 있을 가능성이 높다. 이를 참고해 보면서 한국에서 또는 아직 발전이 더딘 개발도상국에서 기회를 찾아보는 것은 매우 좋은 신사업 발굴 방법이다. 다른 하나는 산업에 대한 열린 자세다. 보통 신사업을 찾아보자고 하면 유행하는 첨단산업에 우선 관심을 갖는다. 하지만 쉽게 지나칠 수 있는 오래된 산업, 정체된 산업에도 기회는 무궁무진하다.

CJ프레시웨이 경영성과

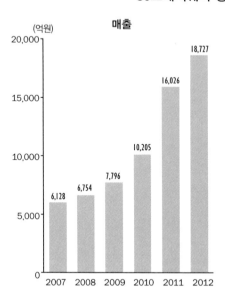

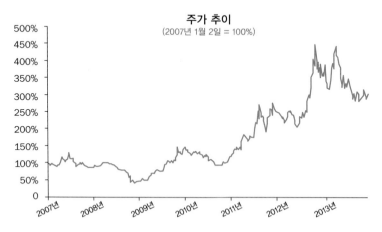

반도체 산업의 숨은 영웅, TSMC

반대로, 산업 진화의 기회가 꼭 전통산업에만 있는 건 아니다. 대표적 첨단산업인 반도체 산업에서도 이런 기회는 존재한다. 2014년 현재 전 세계 반도체 산업의 3대 업체를 꼽으라면 많은 사람들은 인텔과 삼성전자를 우선 떠올린 후에 세 번째 업체에 대해서는 의견이 엇갈릴 것이다. 하지만 시가총액을 기준으로 할 때, 사실 3대 업체는 인텔(Intel), 퀄컴(Qualcomm), 그리고 TSMC(Taiwan Semiconductor Manufacturing Company; 이하 TSMC)다. 삼성전자는 반도체 사업만을 기준으로 할 경우에는 이 세 업체보다 많이 떨어진다. 많은 사람들에게 TSMC는 매우 낯선 이름이지만 이 회사는 전 세계 반도체 회사 중 가장 유망한 업체 중 하나다.

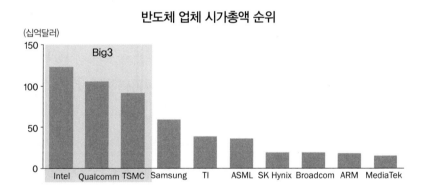

반도체 업체 시가총액 순위

TSMC는 반도체의 생산만을 전문으로 하는 파운드리(foundry) 업체다. 전자산업이 발전하면 할수록 보다 높은 집적도, 보다 빠른 처리속도를 가진 반도체에 대한 요구가 높아져왔고, 이는 결과적으로 투자비를 지속적으로 증가시켰다. 반도체는 여러 가지 화학적 공법을 이용해 실리콘 웨이

퍼라는 기판에 미세한 회로를 새겨서 만드는데, 이런 공정의 정밀도는 해마다 빠른 속도로 높아지고 있다. 최근에는 머리카락 굵기의 5,000분의 1 정도인 20nm 수준까지 미세공정이 요구되고 있는데, 이 정도 되는 난이도의 공정을 하기 위해서는 공장 하나 짓는 데만도 8~10조 원의 투자가 필요하다. 과거, 반도체 산업은 다양한 업체들이 저마다의 설계를 바탕으로 자신의 공장에서 생산해 오던 것이 일반적이었지만, 이렇게 높아지는 투자비 탓에 결국, 극소수의 업체들을 제외하고는 자신의 공장을 운영하는 것이 불가능하게 되었다. TSMC는 이 점에 착안하여 다양한 반도체 설계 업체를 대신하여 생산만을 전문으로 하는 분업화를 반도체 산업에서 처음으로 본격적으로 도입해 대성공을 거두었다.

TSMC를 설립한 대만의 모리스 창(Morris Chang; 張忠謀)이 이 아이디어를 얻은 것은 사실 그가 원래 일하고 있던 텍사스 인스트루먼트(Texas Instruments; 이하 TI)에서였다. 모리스 창은 세계에서 가장 오래된 반도체 회사 중 하나였던 TI에서 엔지니어로 일하면서 새로운 방식의 가격전략을 제안하여 성공시킨 공으로 승승장구했다. 반도체라는 제품의 생산에는 수율(收率; yield)이 매우 중요하다. 수율이란 간단히 설명하면 한 장의 웨이퍼에서 제대로 된 반도체 제품이 몇 %나 생산되느냐는 것이다. 반도체 생산공정이 워낙 어렵다 보니 보통 새로 생산하는 제품에서는 전체 제품 중에서 10~20%만 제대로 된 제품이 나와도 성공이라고 한다. 나머지 80~90%는 버려지는 불량품인 것이다. 하지만 제대로 공정이 자리 잡히고 나면 수율이 급속하게 올라가면서 단가를 크게 떨어뜨릴 수 있다. 예를 들어 웨이퍼 한 장에서 100개의 반도체가 생산된다고 할 때, 초기에는 그중 10개만이 제대로 된 제품이던 것이, 나중에는 99개가 제대로 된 제품으로 생산이 되는 것이다. 이는 결국 제품의 단가를 1/10으로 떨어뜨릴 수 있다는 것인데, 이러한 차이는 전자산업이 가진 매우 중요한 특징이다. 한 제품의 수명주기(Lifecycle) 내에서도 초기 생산분과 후기 생산분의 비용 차이가 10배씩 나는 산업은 전자산업 외에는 없다.*

공정개발이 상당히 어렵지만, 한 번 공정을 개발하여 제품이 제대로 나오고 나면, 그 이후에 수율을 높이면서 가격을 기하급수적으로 떨어뜨릴 수 있다는 데에 착안하여, 모리스 창은 TI에 새로운 가격 전략을 제안했다. 기존의 반도체 기업들은 제품의 가격을 단가에 맞춰 판매했었다. 따라서 수율이 낮은 초기에는 제품의 가격이 매우 비싸고, 생산을 많이 해서 수율이 잡힌 상당 기간이 지나야 가격을 낮출 수 있었다. 많이 만들어봐야 공정의 개선이 이루어져서 가격이 떨어질 텐데, 신제품은 초기 가격이 너무 높아 수요가 늘지 않았다. 많이 만들지도 못하고 적게 만들면 안 되는, '닭이 먼저냐, 계란이 먼저냐'의 딜레마 상황에 빠져 있었던 것이다. 모리스 창은 애써 만든 신제품이 빨리 시장에서 활성화되기 위해서는 이 딜레마를 풀어야 된다는 걸 깨닫고 공정 개선을 독려하는 동시에, 초기에는 적자를 감안하고 가격을 낮게 책정해서 시장의 수요를 일으킨 뒤, 시장이 커지면 때맞추어 공정 개선으로 낮아진 생산 비용을 통해 수익을 창출하는 방식의 가격정책을 제안하였다. 결과는 대성공이었다. 낮은 가격에 좋은 성능을 가진 새로운 반도체가 시장에 풀리기 시작하자, 여러 전자제품 업체들은

---

*이러한 비용 하락의 특징을 잘 이용하는 회사 중 하나가 애플이다. 애플이 아이폰 제품의 주기를 1년으로 유지하는 이유에는 여러 가지가 있지만 가장 큰 이유 중 하나는 바로 제품의 수명주기를 길게 가져감으로써 비용 절감을 통한 수익을 많이 가져가기 위함이다. 초기 생산 제품에 비해 6~10개월이 지나 생산되는 제품은 반도체, LCD 등의 단가가 크게 낮기 때문에 이를 통해 수익을 극대화할 수 있는 것이다.

앞다투어 TI의 신제품을 구입하여 사용하기 시작했고, 많은 수요를 맞추기 위해 공장이 돌아가기 시작하자, 기대했던 대로 수율이 빠르게 개선되면서 TI는 큰 돈을 벌 수 있었다.

이후 모리스 창은 TI에서의 성공모델에서 한 발 더 나아갔다. 즉, 개별 기업 단위로는 수요가 충분할 때까지 생산경험을 충분히 축적하는 것에 한계가 있을 수밖에 없어서 적자를 감수하는 낮은 가격정책으로 억지로 수요를 끌어올릴 수밖에 없지만, 유사한 공정을 필요로 하는 여러 기업들의 반도체를 한꺼번에 생산하면 쉽게 생산경험을 축적할 수 있어서 단일 기업이 하는 것보다 훨씬 빨리 비용을 낮출 수 있을 것이라는 아이디어를 생각해낸 것이다. 전자산업이 발달하면서 반도체산업의 공정 발전이 더욱 빨라질 것이라는 점, 그리고, 이에 발맞추기 위해서는 공정에 대한 연구개발과 설비에만도 큰 투자가 필요할 수밖에 없게 된다는 점에 착안하여, 1987년 반도체 생산만을 전담으로 수행하는 외주전문업체인 TSMC를 설립했다.

처음에는 공정기술이 핵심역량이라고 생각했던 기존 기업의 반발도 만만치 않았지만, TSMC의 아이디어는 곧 많은 업체들로부터 환영을 받았다. TSMC가 제공하는 공정기술에 맞춰 필요한 반도체를 설계만 하면, 직접 생산하면서 겪어야 하는 낮은 수율과 높은 비용 문제를 해결해주는 TSMC 모델은 인텔처럼 스스로 충분한 규모를 갖춘 일부 극소수 초대형 업체들을 제외하고는 매우 매력적이었던 것이다. TSMC는 가장 돈이 많이 들어가는 설비투자와 공정개발이라는 단계를 해결해 줌으로써 반도체 산업 전체의 발전을 이끌고 있다는 평가를 받는다. 아이디어만 있는 수많은 반도체 벤처기업들이 쉽게 반도체 산업에 진입해 자신들만의 제품을 생산할 수 있는 기회를 TSMC가 준 것이다. 2013년 반도체 산업에서 가장 큰 뉴스는 수십 년간 반도체 산업을 평정하면서 천하무적을 자랑하던 인텔이 시가총액에서 퀄컴에 추월당했다는 소식이었다. 퀄컴은 통신에 특화된 반도체 설계기술을 가진 벤처기업이었다. 만약 TSMC가 아니었더라면 퀄컴 같은 벤처기업이 전 세계 반도체 산업의 선도업체가 되는 일은 일어날 수 없었을 것이다. 여러 업체들이 TSMC에게 생산을 의뢰하면서 TSMC 역시 새로운 공정 개발을 적용할 충분한 물량을 확보할 수 있었고, 이를 통해 개별기업보다 훨씬 빠르게 수율을 개선하고 비용을 떨어뜨리는 선순환으로 이어졌다. 여기에 더해 반도체 공정의 미세화가 계속되면서 공정 난이도 증가했고 이로 인해 설비 투자 비용도 엄청나게 늘어나면서 점점 더 많은 업체들이 스스로 생산설비를 갖추기를 포기했고 TSMC와 같은 생산전문 업체에게 외주를 맡기게 되면서 TSMC는 공정개발에 더욱 더 많은 역량을 쌓음으로써 고객들을 자신에게 더욱 의존하게 만들었다.

TSMC의 매출 성장

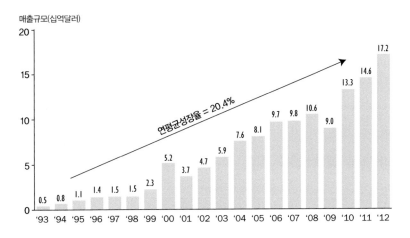

2013년 현재, 아이폰이나 갤럭시와 같은 최신형 스마트폰에 들어가는 초소형, 초저전력의 고성능 프로세서를 생산할 수 있는 공장은 전 세계에서 삼성전자와 TSMC 둘뿐이다. 이런 TSMC의 높은 역량은 엄청난 수익을 안겨주고 있다. 2012년 기준 TSMC의 매출은 20조 원(199억 달러) 정도에 불과하지만, 영업이익은 7.6조 원(71억달러)에 달하고 시가총액은 100조 원(919억 달러)이다. 매출은 삼성전자의 10분의 1에 불과하지만 기업가치는 삼성전자의 절반에 육박하고 있고, 삼성전자를 제외한 한국의 어떤 기업보다 가치가 높다. 삼성전자의 영업이익률이 14%, 현대자동차의 영업이익률이 10%인 걸 감안하면 제조업에서 36%의 영업이익률은 놀랍기만 하다.

모리스 창의 TSMC아이디어는 사실 TI의 새로운 모델을 조금 더 큰 그림으로 확장한 것이다. TI가 고민하였던 숙제, 즉 새로운 공정에서의 생산단가를 낮추려면 필요한 물량을 확보해야 한다는 문제를 여러 반도체 기업들의 생산물량을 한꺼번에 받아서 처리함으로써 해결하고자 한 것이다. 재미있는 것은 TSMC를 세우던 시점은 그가 대만정부의 부름을 받고 TI를 그만두고 대만에서 학생들을 가르치고 있을 때였다는 점이다. 산업을 바꾼 새로운 모델을 생각해낸 시점은 회사에 속해 있던 때가 아닌 밖에서였다. 신사업기회라는 것이 한창 산업 내에서 활발히 움직이는 기존 기업에 있기보다는 오히려 한 발 떨어져서 기존 기업의 움직임을 객관적인 눈을 통해서 관찰함으로써 찾아낼 수 있다는 것을 보여준다. 한 산업 내의 트렌드와 움직임들을 살펴봄으로써 그 방향성을 이해하고, 이를 적용할 시장을 생각해보는 것은 새로운 사업기회를 찾기 위한, 어쩌면 가장 중요한 방법이다.

컨트라리언으로서 신사업기회 발굴을 위한 세번째 자세:
다른 시장에서 산업진화의 힌트를 찾아라

다른 시장의 발전 패턴은 내가 속한 시장의 미래를 예상하는 좋은 힌트다. 산업에는 공통적으로 존재하는 진화 방향성이 있고, 속도는 다를지 몰라도, 큰 그림에서는 같은 방향으로 움직인다. 더군다나 요즘처럼 세계 여러 나라 간의 거리가 줄어들고 있는 상황에서는 더욱 그렇다.

세상의 발전속도가 점점 더 빨라지면서 수많은 사업기회가 새롭게 생겨나고 있다. 이런 발전을 움켜잡는 사업기회는 꼭 스티브 잡스와 같은 천재적 혁신가만이 누릴 수 있는 특권이 아니다. 특히 한국과 같이 개도국에서 선진국으로 넘어가는 과도기에 있는 국가라면 더 유리하다. 선진국에서 발견할 수 있는 다양한 진화의 기회가 아직 남아 있으면서도 이런 진화를 실제로 뒷받침해줄 기반은 충분히 구축되어 있기 때문이다. 전 세계 국가 중에서 한국은 인당 GDP로는 전 세계 34위이고, 총 GDP로는 15위다. 아직 보고 배울 기회도 많고, 배움을 줄 기회도 많다. 한국에서 성공한 모델이라면 얼마든지 외국으로 가지고 나가는 것도 가능하다. 더군다나 최근의 세계는 개도국일수록 적극적으로 해외 자본을 유치하고 이를 통해 자국의 산업을 발전시키려는 추세가 강해지고 있다. 신규 사업을 추진함에 있어 보다 적극적인 자세가 필요하다.

잠깐 한국의 산업 구조를 생각해볼 필요가 있다. 한국은 자생적인 산업 발전보다 정부가 주도한 계획경제를 통해 산업발전이 시작되었다 보니 산업별로 발전의 편차가 큰 편이다. 해외 수출에 관련한 산업은 전 세계가 모두 우러러볼 수준의 선도적 지위를 확보한 반면, 수출에 별로 도움이 안 되는 내수산업은 그 속도가 매우 늦다. 또한 한국이 별로 많이 참여하지 않은 산업 분야는 전 세계가 어떻게 돌아가는지에 대한 관심도 많이 떨어지는 편이다. 뒤집어 이야기하면, 한국 기업들이 조금만 폭을 넓혀 생각하면 찾을 수 있는 기회는 무척이나 많다. 앞으로 한국 기업들이 세상의 다양한 영역에서 기회를 발굴하고 여러 나라의 산업발전을 이끄는 모습을 기대한다.

8

네 번째 기회 :
다른 산업의 사업모델을 이용한
문제점 해결

사업기회를 찾을 때, 보다 앞선 다른 나라, 다른 시장에서 힌트를 찾는 것도 가능하지만 범위를 넓혀보면 다른 산업에서 찾는 것도 가능하다. 앞서도 이야기한 것이지만 기존 기업은 지금까지 해오던 방식에서 벗어나는 생각을 잘 하지 못한다. 세상에 완벽하게 효율적인 산업은 없다. 모든 산업은 나름대로의 고민과 문제점을 안고 있지만, 기존 방식에 대한 관성은 대안을 찾는 범위를 좁힌다. 신사업으로 진입하려는 기업에게 이는 가장 우선적으로 주목해야 할 기회다.

의류산업을 진화시킨 자라

3장에서도 살펴 보았지만 기존 업체들의 고정관념을 깨뜨리는 혁신적 사업모델이 등장해서 산업 구조 자체가 흔들리고 있는 대표적인 산업이 의류/패션이다. 의류산업은 어찌 보면 가장 전통적인 산업이라고도 할 수 있고, 첨단이나 혁신과는 꽤 거리가 있을 것으로 생각되기 쉽지만, 그 동안 수많은 혁신가들이 나타나서 산업을 엄청나게 발전시켰다. 단적으로 미국의 〈패스트 컴퍼니(Fast Company)〉가 뽑은 가장 혁신적인 기업 순위에서 2013년 1위에 오른 나이키가 대표적이다. 나이키는 정보통신산업과 빅데이터(Big data)라는 의류나 패션산업과는 전혀 관계없을 것 같은 다른 산업의 혁신을 접목시켰다. 전 세계의 부자순위에서 가장 최근에 많이 등장하는 두 명도 그렇다. 워렌 버핏을 제치고 세계 부자순위 3위에 이름을 올린 자라의 아만치오 오르테가(Amancio Ortega)와 일본 부자순위 1위인 유니클로의 야나이 타다시(柳井 正)는 SPA(Specialty retailer of Private label Apparel; 이하 SPA)라는 새로운 형태의 사업모델을 의류산업에 도입하여 엄청난 성공을 거두었다.

과거 의류산업은 비효율과 비생산적인 사업모델에 기반하고 있었다. 봄, 여름(Spring and Summer; 이하 S/S)과 가을, 겨울(Fall and Winter; 이하 F/W)라는 두 번의 주기를 두고 봄에는 F/W용 제품을 디자인하고, 여름에는 이를 생산하였다가 가을과 겨울 동안 판매하고, 가을에는 S/S용 제품을 준비하고 겨울에는 생산하는 즉 6개월 앞을 내다보고 고객을 예상하여 미리 재고를 쌓아두는 방식으로 산업이 움직였다. 하지만 6개월 전에 미리 만들어두었던 재고는 실제 팔리는 것과는 다를 수밖에 없고, 많이 팔리는 제품은 매진되어 버리고, 안 팔리는 상품은 억지로 할인판매를 해야 하는 상황이었다. 그 결과 팔 수 있었음에도 불구하고 재고가 없어 못 판 기회비용과 안 팔려서 재고로 쌓인 제품의 비용까지 감안해야 하다 보니 제품에는 원가 대비 엄청나게 높은 가격이 매겨질 수밖에 없었다. 그럼에도 불구하고 이익률은 높지 않았다. 다른 산업에서는 어떻게든 가격을 낮추기 위해 비용을 줄이고, 고객의 니즈를 이해하여 여기에 맞는 제품을 만들고, 항상 판매량을 확인하여 안전재고를 확보함으로써 고객이 원하는 물건을 항상 떨어지지 않도록 하고, 그러면서도 낭비 없이 최소한의 재고만을 가져가려고 노력하는 것에 비하면 너무나도 비효율적이고 비생산적인 방법을 유지해왔던 것이다. 여기에는 업체가 고객에게 무엇을 입어야 하는지를 가르칠 수 있다는 자만이 패션 산업계에 깔려 있었고, 기존 기업들은 모두 이런 고정관념에 사로잡혀 있었다.

이런 의류산업의 문제점을 해결하기 위해 자라는 회전율에 눈을 돌려 사업모델을 새로 만들었다. 즉 고객이 찾는 물건만을 만든다는 컨셉하에 과거와 같이 6개월 전부터 미리 대량의 재고를 준비해 두는 것이 아니고, 소량의 테스트 상품만을 만들어서 매장에 내보내 두었다가 고객의 반응을 보고, 잘 팔리는 제품은 빨리 추가 생산하여 매장에 더 내보냄으로써 판매 기회를 극대화하자는 것이다. 이런 회전율은 사실 동네 앞 야채가게만 봐도 매우 중요하다. 장사가 잘되는 가게는 회전율이 높다. 물건을 가져다 놓기 바쁘게 휙휙 팔려나가고, 그러다 보니 항상 신선하고 좋은 물건을 가져다 놓을 수 있을 수 있어 선순환이 된다. 반대로 장사가 잘 안 되는 가게엔 오래된 물건이 많다. 가져다 놓은 지 몇 년 지나 누렇게 바래버린 주스 상자가 아직도 진열대를 차지하고 있는 가게라면 아마도 돈을 잘 못 벌 가능성이 높다. 회전율을 높이는 방법은 간단하다. 일단 소량의 재고만 가져다가 팔아본 다음, 고객이 많이 찾는 것은 더 많이 주문해서 가져다 놓고, 잘 안 팔리는 것은 빨리 치워버리는 것이다. 하지만 이렇게 하려면 기존의 사업모델과는 완전히 다른 사업모델이 필요했다. 자라는 자동차 산업의 토요타 생산시스템* 에서 힌트를 얻었다. 자라는 우선 기존의 디자인하고 만드는 시점에서 판매 시점까지 6개월 차이가 나던 사이클을 바꾸었다. 자라는 연간 2만 개가 넘는 아이템을 디자인하는데, 그중에서 시즌이 시작되기 전에 생산까지 완료되는 것은 고작 15%뿐이다. 나머지는 실제로 시즌이 시작되면 고객의 반응을 보고, 신속하게 이를 카피하고, 디자인에 반영하여 판매함으로써 잘 팔리는 옷만 팔 수 있는 기반을 만들었다. 하지만 이를 해결하기 위해서는 생산과 물류의 신속하고 효율적인 운영이 필수였다. 자라는 전 세계 매장에서 발생하는 판매정보가 신속하게 본사에 모일 수 있도록 IT 시스템을 구축했다. 그리고 한꺼번에 대규모로 같은 디자인의 옷을 생산하는 것이 아니고, 판매 현황을 빠르게 분석해서 그때 그때 팔

----

*토요타 생산시스템의 기본 철학은 '재고는 죄악이다'라는 말로 설명할 수 있다. 귀중한 자산이 재고라는 형태로 쌓여 있는 것도 문제지만, 더 문제는 재고라는 것이 많이 쌓여 있으면 프로세스 상의 문제점들이 숨는다고 보았다. 예를 들어 물이 흘러가는 강을 생각해보자. 가장 효율적인 강이라면 강바닥이 깨끗하여 물들이 아무런 걸림돌 없이 흘러내려가는 것일 것이다. 그러나 실제로 대부분의 강바닥에는 돌덩어리도 있고, 쓰레기들도 버려져 있다. 물을 많이 흘러가게 하면 이런 돌덩어리나 쓰레기는 잘 드러나지 않고 그대로 강 밑에 버려져 있게 된다. 하지만 그러다가 물이 줄어들어 바닥이 드러나게 되면 문제도 함께 드러난다. 여기저기 물이 고이고, 멈추게 될 것이다. 그걸 막기 위해서는 실제로 필요한 양보다 더 많은 물을 흘려 보내야만 한다. 토요타 시스템은 이런 쓰레기나 돌덩어리를 모두 치워서 최대의 효율을 가져가도록 하자는 것이다. 이를 위해서는 우선 물의 양을 줄여서 쓰레기나 돌덩어리가 잘 보이도록 해야한다. 여기서 물이 바로 재고의 개념이다. 토요타 시스템은 프로세스를 최대한 효율화시킴(돌을 다 치워버림)으로써 굳이 안전재고(장애물이 있기 때문에 추가로 흘려 보내야 하는 물)을 두지 않는다. 미리 재고를 쌓아두는 것이 아니고 주문이 있으면 그때 그때 필요한 만큼 생산하여 처리한다. 이를 위해서는 판매에서 원자재, 생산까지 신속한 정보 전달과 빠른 생산 프로세스가 필수다. 대신 이를 달성하게 되면 엄청나게 효율적이고 저비용으로 운영이 가능해진다. 이를 위해 토요타는 다양한 외부 업체에게 가격을 경쟁시켜 부품을 구매하던 서구 자동차 회사와는 달리 대부분 자회사 또는 매우 가까운 관계의 소수의 토요타 전속 외주업체와 장기간에 걸친 협력관계를 채결해 부품 수급을 해결한다. 그리고 한 품목을 대량으로 생산하는 데에만 초점을 맞춰 만들었던 기존 생산라인을 한 라인에서 서로 다른 여러 가지 종류의 자동차가 동시에 생산할 수 있도록(混流生産; 혼류 생산) 프로세스를 뜯어 고쳐서 유연성을 확보했다.

물건만을 소량 생산할 수 있도록 생산 프로세스를 바꾸었다. 이런 신속한 다품종 소량 생산을 하기 위해, 기존의 다른 의류 업체가 중국이나 베트남 같은 저가의 외주 전문 생산업체에 관심을 가진 것과 달리 자라는 토요타와 마찬가지로 50% 이상의 물량을 자국 스페인에 있는 직영 공장에서 직접 생산한다. 그리고 생산된 옷은 스페인에 위치한 초대형 물류창고로부터 주 2회 전 세계 매장으로 직접 발송된다. 스페인의 직영 공장에서 필요한 만큼만 만들어서 이를 전 세계의 매장으로 보내는 자라의 방식은 옷 한 벌 기준으로 놓고 보면, 6개월 전에 대량으로 중국 공장에 주문해서 한꺼번에 매장에 쌓아놓고 판매하는 기존 방식보다 비용이 더 들어갈지도 모른다. 하지만 전체로 보면, 잘 팔리는 물건이 결코 매진되는 법이 없고, 안 팔리는 재고는 거의 남지 않는 자라의 새로운 사업모델은 기존 방식보다 훨씬 싼 가격에 물건을 판매하면서도 더 높은 수익을 가능하게 해 주었다. 기존 업체의 사업모델은 이런 자라의 혁신적 사업모델에 가격적인 면에서도 대응하기 어려울 뿐 아니라, 트렌드에 맞는 이미지에서도 앞서기 불가능했다. 결국 자라는 기존 의류업체들을 완전히 밀어내면서 승승장구하고 있다. 한국만 해도, 기존 사업모델의 대표적 브랜드인 빈폴이 연 10%도 안 되는 성장률을 보이는 반면, 자라, 유니클로, H&M등 세 대표적인 SPA 브랜드의 평균 성장률은 연 50%에 가깝다.

　자라의 사례에서 가장 중요하게 배울 점은 새로운 사업모델을 찾는 열린 자세다. 대부분의 산업은 나름대로의 문제점을 안고 있지만, 기존의 사업모델로는 그 한계를 극복하기 어렵다. 동시에 기존 기업은 관성 탓에 기존 사업모델을 벗어나려는 생각을 잘 하지 못한다. 하지만 산업의 문제점을 객관적으로 들여다보고 새로운 시각에서 그 한계를 극복하고자 한다면 다른 산업이 그 해결책을 제공해줄 수 있다.

하늘의 저가항공 모델을 바다로 가져온 버번 오프쇼어

버번 오프쇼어(Bourbon offshore)라는 프랑스 회사가 있다. 이 회사는 원래는 벌크선박을 운용하던 중소형 해운회사였다. 하지만 2000년대 초반, 프랑스 보험회사인 악사(AXA)가 운용하는 사모펀드가 인수한 후, 근본적으로 사업을 뜯어고치기 시작했다. 선박운용이라는 자신의 역량을 바탕으로 유망한 사업기회를 찾은 끝에 때마침 다시 본격화되기 시작한 해양유전개발이라는 큰 트렌드에 참여하기로 한 것이다. 당시 여러 종류의 선박들이 모두 각광을 받고 있었지만, 배 종류별로 연령을 보면 왜 버번이 이런 결정을 내렸을지 쉽게 알 수 있다. 탱커 같은 배는 비교적 새로운 배가 많은 상황이었지만, 해양유전용 선박은 1980년대 이후로는 건조된 배가 적고 선령이 오래되어 퇴역을 앞둔 배가 많아, 곧 교체 수요도 크게 늘어날 것이기 때문이었다.

보통 많은 기업들은 매력적인 트렌드가 있다고 하면 당장 겉에 드러나는 데서 기회를 찾는다. 단적인 예로 에너지 수요가 늘어날 것이라고 하자 많은 한국 기업이 해외 유전에 직접 투자할 기회를 찾는 데에만 집중했다. 하지만 버번은 달랐다. 해양유전개발로 생겨나는 가치사슬상의 기회 중에서 남들과 다르게 차별화할 수 있는 영역을 찾은 것이다. 기본적으로 해양유전을 개발하려면 다양한 선박이 필요하다. 한국 기업에게 배라고 하면 유전이 있는지를 탐사하고 다니는 탐사선이나 시추공을 뚫는 시

선종별 건조 연도

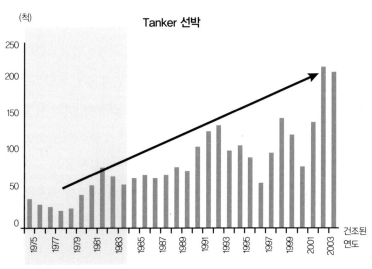

(척)

Tanker 선박

오래되어 해체되어야 하는 선박

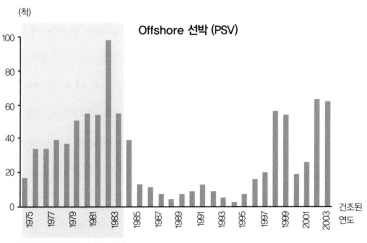

(척)

Offshore 선박 (PSV)

오래되어 해체되어야 하는 선박

추선, 아니면 실제로 석유를 뽑아 올리는 FPSO(Floating production, storage, and offloading; 바다 밑의 해양유전으로부터 석유를 뽑아 올리고, 일차적인 정제를 하여 저장하였다가 유조선에 옮겨 싣는 역할을 수행하는 특수선박)같은 선박 정도가 다였겠지만, 버번은 여기서 한 발 더 멀리까지 살펴보았다. 해양유전 개발은 바다에서 복잡한 작업을 벌인다. 그런 이유로 해양유전에 쓰이는 시추선이나 FPSO같은 선박은 일반 선박과 근본적인 차이가 있는데 바로 움직임이다. 여객선이나 유조선, 컨테이너선 같은 배들은 어느 지점에서 다른 지점으로 옮겨가는 것을 목적으로 하는 만큼 앞으로 나아가는 게 중요하다. 하지만 해양유전 개발에 사용되는 배들은 유전 바로 위에서 정지해 있어야만 한다. 그래서 해류나 파도, 바람이 불더라도 자기자리를 벗어나지 않도록 하기 위한 다양한 장치들이 붙어 있고, 반대로 어딘가로 움직이려면 스스로가 아닌 다른 예인선의 도움을 필요로 한다. 그래서 해양유전 개발에는 예인선의 일종인 AHT/AHTS(Anchor handling tug / Anchor handling tug supply)라는 배가 많이 필요하다. 또 뭍에서 멀리 떨어진 해양유전까지 파이프 같은 자재와 소모품, 선원 등을 실어 나르는 운반선의 일종인 PSV(Platform Supply Vessel)도 많이 필요하다. 이런 다양한 지원선을 OSV(Offshore support vessel: 해양지원선)라 부르는데, 버번은 바로 이 시장에 초점을 맞추었다. 특히 해양유전 개발이 점점 깊은 바다로 옮겨가면서 과거보다는 훨씬 큰 배들이 필요하게 되었는데, 버번은 이런 신형 OSV시장을 노린 것이다.

하지만 버번이 진행한 신사업의 핵심은 시장을 잘 고른 데에 있지 않았다. 당시 해양유전 시장이 급작스럽게 성장해서 인력부족이 심각한 상황이었다. 여기에 더해 20년 이상 건조되지 않다가 갑자기 수요가 늘어나 생산한 배들은 모두 제각각이었고, 전혀 표준화가 되어 있지 않았으며 새로운 선원을 훈련시키기도 쉽지 않았다. 이런 상황에서 버번은 마침 항공산업에서 각광을 받고 있던 저가항공사(LCC; Low cost carrier)에서 힌트를 찾았다. 한국에도 최근 제주항공, 진에어와 같은 저가항공사들이 빠르게 성장하고 있는데, 사우스웨스트(Southwest airline), 라이온에어(Lion Air)와 같은 저가항공사의 가장 기본적인 전략은 비용 효율성을 극대화하기 위한 항공기 운용에 있다. 여러 가지 비행기 기종들을 섞어 쓰는 것이 아니라 보잉(Boeing) 737이라는 단 한 가지의 기종만을 보유하고 운용함으로써 유지/보수를 간단하게 하고, 운용의 효율성을 극대화하면서 구매비용까지 절감하는 것이다. 비행기 조종사라고 해서 아무 비행기나 쉽게 조종할 수 있는 것이 아니다. 각자 전문 기종이 있고, 새로운 기종으로 바꿀 때에는 상당 기간 트레이닝을 해야 한다. 저가항공사는 비행기가 한 가지 기종뿐이기 때문에 승무원을 어떤 노선이든 배치할 수 있고, 비행기 역시 상황에 따라 쉽게 이 노선에서 저 노선으로 옮겨 사용할 수 있다. 그뿐 아니고 한꺼번에 같은 기종만 구매하기 때문에 구매 계약이나 유지보수 계약 역시 훨씬 저렴하게 체결할 수 있게 되는 것이다.

버번은 우선 운용과 훈련 편의성에 초점에 맞춰 자신만의 전용 디자인을 새로 했다. 그리고는 대규모로 중국조선소에 발주했다. 보통은 배를 주문할 때, 선주는 자신이 주문하려고 하는 배와 같은 종류를 만들어본 경험이 있는 업체에 맡기려는 경향이 크다. 하지만 버번은 어차피 그 조선소가 같은 배를 수십 척을 건조할 것이니 초반의 낮은 생산성은 어차피 상쇄될 것이라고 보고 가격을 중심으로 주문하는 용단을 내렸다. 그리고 자신의 전용 디자인을 그대로 적용한 첨단 시뮬레이션 설비를 갖춘 트레이닝 센터를 싱가폴과 아프리카에 세우고 아프리카와 필리핀같이 인건비가 저렴한 국가에서 후보를 뽑아 집중적으로 트레이닝함으로써 인적 문제를 해결했다. 이를 통해 버번은 인력과 선박이 부족하던 심해 해양유전 시장에서 빠르게 선도업체로 부상할 수 있었다. 기존 업체들이 조선소마다 다른 모델을 만든 탓에 효율적인 운용에 한계를 겪고, 이런 복잡한 선단 구성 때문에 인력운용과 확보에도 어려움을 겪고 있을 때, 버번은 다른 산업에서 빌려온 아이디어를 통해 차별화와 경쟁우위를 확보한 것이다. 현재 버번은 시가총액 2조 원이 넘는, 전 세계 OSV 시장에서 2위 업체로 성장했다.

버번의 대표 AHTS와 PSV(위) 및
그 조종실을 그대로 재현한 트레이닝 센터 (아래)

버번의 사례는 어떤 산업에서의 구조적 문제점을 다른 산업에서 아이디어를 빌려 해결함으로써 차별화된 신사업을 성공시킨 또 다른 좋은 예다. 기존 업체의 고정관념을 새로운 해결 방안으로 깨뜨렸기에 오히려 기존업체들을 추월할 수 있었던 것이다.

컨트라리언으로서 신사업기회 발굴을 위한 네 번째 자세: 다른 산업에서 산업진화의 힌트를 찾아라

이 세상에 완벽한 산업, 완벽한 효율은 존재하지 않는다. 모든 산업과 기업에는 여러 가지 측면에서 이슈를 갖고 있지만, 많은 기업이 지금까지 해오던 관성을 유지하려고 하기 때문에 이슈가 잘 드러나지도 해결되지도 않는다. 하지만 새로운 사업모델을 통해 이런 이슈를 해결할 수 있다면 이는 완전히 차별화된 경쟁력을 만들어낼 수 있다. 이런 사업모델을 찾을 때, 다른 산업에서는 어떻게 효과적이고 효율적인 사업모델을 만들어냈는지를 살펴보는 것은 신사업 발굴에서 또 하나의 힌트를 던져줄 수 있다. 중요한 것은 새롭고 객관적인 눈으로 기존 산업의 고정관념에 의문을 던져보는, 컨트라리언으로서의 자세다.

다른 산업에서만 구체적인 개선 방법을 빌려올 수 있는 게 아니다. 중요한 것은 산업을 개선할 방법을 찾아내는 데에 있다. 산업에 지금까지 존재하지 않았던 새로운 사업기회를 찾아내고자 한다면, 가장 좋은 방법은 산업의 진화를 이끌어내는 것이다. 산업 내에서 지금까지의 방법보다도 효과적이고 효율적인 방법을 찾을 수 있다면 이는 그대로 좋은 사업기회가 된다. 기존의 업체보다 더 뛰어난 경쟁력을 갖출 수 있기 때문이다. 그런데 여러 산업들을 살펴보면 진화에는 공통적인 방향성이 존재한다. 이러한 산업의 진화는 컨트라리언으로서 반드시 이해해야 할 또 한 가지 중요한 트렌드다.

모든 산업의 진화는 효율을 높이는 방향으로 이루어진다. 거의 모든 산업에서 효율을 높이는 가장 대표적인 트렌드로 두 가지를 생각해볼 수 있다. 하나는 기업화/산업화(industrialization)다. 기존에 있던 가내수공업 형태의 사업을 통합해 규모의 경제를 달성하는 것이다. 둘은 분업화/전문화(Specialization)다. 가치사슬의 모든 일들을 스스로 수행하는 게 아니라 자신은 가장 큰 가치를 창출할 수 있는 영역에만 집중하고, 나머지는 각 영역에 특화된 역량을 갖춘 전문업체에게 맡기는 것이다. 앞서 살펴본 사례 중에서 CJ는 기업화를 통해 사업기회를 발굴한 것이고, 코스맥스는 분업화에서 사업기회를 발굴한 것이다. 이러한 두 가지 방향만으로도 세상에는 매우 다양한 사업기회들이 있다. 여기 두 개의 재미있는 사례가 있다.

최근 중국을 여행해본 사람들이라면 음식점에서 다른 나라에서는 찾아보기 어려운 점을 발견할 수 있었을 것이다. 중국의 대중음식점에 가서 자리를 잡으면 종업원이 손님 앞에 앞접시, 밥공기, 찻잔, 수저가 한꺼번에 포장된 식기세트를 내어놓는다. 이 식기세트는 음식점이 아닌 전문 식기 세척업체가 개별 포장하여 배달한 것이다. 중국의 많은 대중음식점은 설거지를 하지 않는다. 대신 전문 세척업체가 그릇과 수저들을 수거하여 공장에서 한꺼번에 세척하고, 이를 포장해서 음식점에 가져다 준다. 이러한 설거지 비용을 음식점이 직접 내지 않고 개별 포장된 식기를 손님에게 내놓으면서 세팅비로 1위안 (170원)을 받는다. 음식점은 귀찮은 설거지를 안해도 됨은 물론, 여기 들어가는 비용도 아낄 수 있다. 그리고 이를 기업화한 설거지 전문업체는 170원이라는 적은 돈이지만 자신의 고객인 식당이 아닌 손님에게 비용을 떠넘김으로써 간단히 진입장벽을 해결했고, 기업화를 통해 규모를 키움으로써 효율을 높여 제대로 된 사업으로 만들어 냈다. 손님 입장에서도 170원 정도라면 중국의 위생관념이 아직 부족해서 찜찜하던 차에 깨끗하게 씻은 개별 포장된 식기를 사용하는 대가로 충분히 낼 수 있는 금액이다. 이러한 서비스가 등장한 것은 불과 5년이 채 되지 않는다. 식당의 설거지를 분업화하고 기업화하는 아이디어를 사업화한 기업은 중국의 대도시마다 빠르게 성장하고 있다.

중국의 설거지 전문업체가 세척, 포장한 식당 식기

또 다른 사례는 미국에서 최근 빠르게 성장하고 있는 상장기업, 서비스 코퍼레이션 인터내셔널(Service Corporation International; 이하 SCI)에서 찾을 수 있다. 이 회사는 장의 전문업체다. 과거 미국에서 장의사는 마을마다 대대로 가족들이 수행하는 전형적인 가내수공업이었다. 하지만 SCI는 생각을 바꿔 장의사업을 기업화하는 방향으로 나아갔다. 작은 장의업체를 인수합병하면서 몸집을 키웠고, 기업화된 운영으로 효율을 높였다. 예를 들어 SCI는 미국의 주마다 시신을 처리하는 공장을 두었다. 마을의 장의사라면 어쩌다 한 번 시신을 씻고 염을 하지만, SCI는 주 내에 있는 수십 개의 장의체인으로부터 시신을 배송받아 공장에서 효율적으로 처리한 후에 다시 시신을 보내어 장례식을 치르고 매장함으로써 비용을 효과적으로 낮췄다. 여기에 더해 가내수공업 장의사들로서는 엄두를 내기 어려운 호화로운 예배당(장례식장)을 세우는 등의 투자를 통해 오히려 더 비싼 가격에 서비스를 제공했고 장의사업 하나만으로 매출 25억 달러(2조 7천억 원), 시가총액 37억 달러(4조 원)에 달하는 대규모 사업을 일궈냈다.

SCI와 중국의 설거지 업체는 앞서 이야기한 분업/전문화와 기업/산업화의 아주 좋은 예다. 설거지 업체는 기존의 음식점 가치사슬 중에서 한 부분을 떼어내어 전문화하고, 여러 음식점을 상대로 통합하는 산업화를 통해요식업 내에서 지금까지 없었던 새로운 비즈니스를 만들어냈고, SCI는 가내수공업이던 장의사업을 통합해 기업화함으로써 장의업을 근대적인 산업으로 진화시켰다. 이 두 가지 사례는 매력적인 신사업기회라는 건 어디에나 있다는 사실을 아주 잘 보여준다. 핵심은 기존의 산업이 갖고 있는 문제점을 찾아내는 데에 있다.

기본은 컨트라리언적 시각과 사고를 유지하는 것

지금까지 성공 또는 실패한 사례들을 통해 어떠한 방식으로 신사업기회를 발견할 수 있을 것인지를 네 가지 유형으로 나누어 살펴보았다. 구체적인 적용방법으로 논의를 옮기기 전에 앞에서의 예시는 잠깐 잊고 출발점으로 돌아가 보자. 이 책에서 논의하고자 하는 기본은 컨트라리언으로서의 접근방법이다. 즉 좋은 신사업기회라는 것은 아직 남들이 알아채지 못했거나, 또는 남들과는 다른 나만의 관점을 가져야 찾을 수 있다는 점이다. 세상에는 두 가지 상태가 있다. 하나는 세상이 변화하고 있을 때고, 다른 하나는 변화하지 않고 정체되어 있을 때다. 변화의 폭이 클수록 좋은 기회가 올 것은 당연하다. 하지만 그런 변화를 남들이 모르고 있을 리 없다. 그런 변화에서 나만의 기회를 발견하려면 의도적으로 그 폭을 넓혀 생각할 필요가 있다. 트렌드를 이해하는 것은 중요하다. 하지만 더 중요한 것은 그 트렌드로 생겨나는 이차적인 파급효과를 찾으려고 노력하는 것이다. 아주 멀리 갈 필요도 없다. 많은 산업의 사례들을 살펴보면 진정으로 근본적인 변화는 한 번에 또는 단기간에 끝나지 않는다. 변화는 산업 내의 가치사슬을 타고 마치 호수 위에 던져진 돌멩이가 만들어낸 파문과도 같이 순차적으로 영향을 넓혀 나간다. 거꾸로 변화하지 않고 정체되어 있을 때는 내가 변화를 만들 방법이 없을지 고민해 보는 것이 중요하다. 이때 많은 사람들은 남들은 생각하지 못한 창조적 혁신을 해야 한다는 강박관념에 시달리지만, 사실 반드시 그럴 필요는 없다. 나보다 나은 사람들이 또는 나보다 먼저 비슷한 고민을 했던 사람들이 내가 속해 있는 시장이 아닌 다른 시장에서 앞서서 변화를 이끌어냈을 것이다. 그것도 아니라면 그 산업이 갖고 있는 문제점을 해결한 다른 산업에서는 어떤 방법이 가능했었는지를 찾아보면 된다.

그럼 이제부터는 실제로 이를 어떻게 적용할 수 있을지, 구체적인 방법을 논의해보자.

PART 3.

구체적인
적용

9

신사업기회를 찾기 위한 프로세스

지금까지 매력적인 신사업을 찾기 위한 방향을 설정하는 네 가지 형태의 기회를 살펴보았다. 그러면 실제 신사업을 추진할 때는 어떠한 과정을 통해 이러한 기회들을 찾을 것인지 적용 방법을 논의해보자.

컨트라리언 접근방법을 적용한 신사업 발굴은 크게 네 가지 순서를 따른다.

신사업 발굴을 위한 프로세스

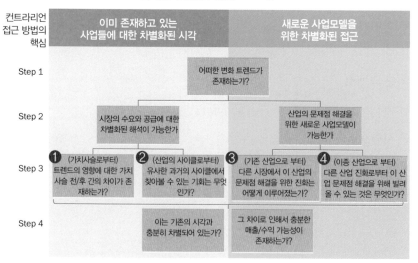

Step 1. 거시적인 산업 트렌드를 살펴본다.

역시나 신사업의 시작은 세상이 어떻게 돌아가는지 이해하는 것이다. 따라서 신사업 탐색은 여러 가지 자료를 바탕으로 거시적 사회환경과 산업 내에서의 큰 변화들을 정리해보는 것이 첫 번째 단계다. 물론 이런 거시적 세상과 산업의 트렌드를 살펴보는 데까지 컨트라리언의 시각이 요구되는 건 아니다. 중요한 것은 모두가 알고 있는 이런 현상과 트렌드를 사업기회로 해석하는 데에 컨트라리언적 사고와 시각을 적용해보자는 것이다.

Step 2. 산업에 대한 종합적인 시나리오를 만들어 본다.

두 번째 단계부터는 머릿속의 컨트라리언 스위치를 켤 필요가 있다. 시장과 산업 트렌드가 가져올 구체적인 변화를 그려보아야 한다. 앞서 이야기했던 신사업을 발굴하는 기회의 종류들을 생각하면서 우선은 두 가지 질문을 머릿속에 두고 시나리오를 만들어보자. 우선 시장의 수요다. '지금 세상이 생각하는 시장 수요가 과연 타당한가?'가 첫 번째 질문이다. 거시적 환경과 산업이 변화함에 따라 가치사슬 단계별로 놓여 있는 사업의 수요와 공급이 어떠한 영향받을지 생각해보아야 한다. 다음은 사업모델이다. '지금 존재하는 사업모델보다 더 나은 사업모델은 과연 없을 것인가?'가 두 번째 질문이다. 시장이 진화함에 따라 더 경쟁력 있는 사업모델, 더 매력적인 사업모델이 생겨날 가능성은 없는지라는 관점에서 산업의 진화 시나리오를 그려보는 것이 중요하다. 이를 위해 현재 산업의 문제점이 무엇인지를 객관적인 관점에서 생각해보아야 한다.

Step 3. 구체적인 기회를 찾아본다.

진화 시나리오에 대한 큰 그림을 그렸다면 이제는 진정한 사업기회가 무엇일지 꼼꼼히 뜯어보아야 한다. 지금까지 논의해 왔던 네 가지 관점에서 하나하나 적용해 보면서 구체적인 기회를 그려 본다.

첫 번째로는 우선 산업의 변화가 가치사슬을 따라서 순차적으로 이루어지면서 수요/공급의 차이가 나타나지 않는지 찾아보아야 한다. 이를 찾으려면 전체 가치사슬을 꼼꼼히 순서대로 정리하고 트렌드로부터 일어나게 될 변화의 구체적인 영향을 단계별로 그려보아야 한다. 그리고 나서 이러한 논리적인 변화가 실제로 기존 기업이 생각하고 있는 변화와 어떠한 차이가 있는지를 비교해본다. 만약 큰 차이를 발견할 수 있다면 아마도 이는 새로운 기회가 될 것이다. 앞서 살펴본 것처럼 컨트라리언으로서의 기회는 남들이 생각하는 시장 수요가 실제와 차이 날 때 존재한다.

추가적으로서 가치사슬 내의 기존 기업들 간의 시각 차이를 비교해보는 것도 실용적이며 의미가 있다. 아마도 내 공급업체와 나 사이, 내 고객과 나 사이에서는 시각 차이가 크지 않겠지만, 내 공급업체의 공급업체와 내 고객의 고객이 생각하는 향후 시장 성장 전망에는 상당한 차이가 있을 가능성이 있고, 특히 시장의 변화가 이루어지는 시기에는 더욱 그럴 가능성이 높다.

실제로 몇몇 헤지펀드에서는 투자기회를 발견하는 데 유사한 방법을 사용한다. 예를 들어 스마트폰 산업에 투자하는 경우, 스마트폰의 가치사슬을 자세히 뜯어보고 그 안에 존재하는 업체의 전망치를 비교하는 것이다. 스마트폰 업체인 삼성전자가 2014년 판매목표를 4억 대로 잡았는데, 삼성전자에 부품을 공급하는 배터리 업체는 삼성전자로의 판매목표를 3억 5천만 대라고 이야기하고, 이 배터리 업체에 반도체부품을 공급하는 업체는 3억 대로 전망한다고 가정해보자. 그리고 삼성전자에 스마트폰용 LCD 를 공급하는 업체는 내년 판매목표를 4억 5천만 대라고 이야기하고, LCD 에 들어가는 유리기판을 생산하는 업체는 내년 공급목표가 5억 대라고 이야기한다고 생각해보자. 헤지펀드들은 각 회사들의 IR담당자들을 만나서 이런 정보를 모은 후에 서로 비교해서 결론을 내린다. 아마도 내년에 배터리 부품업체는 목표를 초과하는 성과를 달성할 가능성이 높겠지만, 반대로 유리기판 업체는 실적달성에 실패할 가능성이 높을 것이다. 그러면 이를 바탕으로 배터리 부품업체의 주식을 사고, 유리기판 업체의 주식은 공매도하는 방식으로 투자함으로써 수익을 노리는 것이다.

두 번째는 산업 사이클에 대한 관점을 생각해 보아야 한다. 많은 기업이 매력적이라고 생각하는 상황이라면 거꾸로 지금이 꼭지가 아닌지를 생각해보고, 반대로 많은 기업들이 손을 떼고 있는 상황이라면 지금이 혹시 바닥으로서 기회가 아닌지를 알아보기 위해 객관적 시각으로 시장의 수요/공급 사이클을 해석해 보자는 것이다.

어찌 보면 컨트라리언으로서의 정의에 가장 가까워 보이는 이러한 접근 방법은 실제로 많은 펀드들이 이용한다. 단적인 예로 한국의 IMF사태 때에 많은 한국 기업이 외국의 사모펀드에 팔렸다. 은행만 하더라도 몇 년 사이에 외환은행은 론스타(Lone Star)에, 한미은행은 칼라일(Carlyle)에, 제일은행은 뉴브리지캐피털(Newbridge Capital)의 손에 넘어갔다. 한국의 은행들은 모두들 허리띠를 졸라매고 있었지만 금융위기는 일시적인 것이고 조만간 한국 경제가 회복되면서 가치가 올라갈 것을 내다본 미국의 선진 투자자본은 이런 기회를 놓치지 않았다. 뉴브리지캐피털은 제일은행을 5,000억 원에 인수하여 5년 만에 스탠다드차타드(Standard Chartered)에 매각하며

1조 1,500억 원의 막대한 차익을 남겼고, 칼라일은 2000년에 4,460억 원에 인수한 한미은행을 4년 뒤 씨티은행에 매각하며 7,000억 원의 시세차익을 남겼다.

최근 뉴스에 따르면 칼라일은 경제위기로 가치가 떨어진 스페인 주택에 수천억 원을 투자하기 시작했다고 한다. 지금까지 전 세계가 경제위기를 극복해온 역사를 생각해보면 이 투자 또한 성공가능성이 높아 보인다.

세 번째는 다른 시장들을 살펴보면서 그 산업 내에서 가장 앞서 있는 진화모델을 찾아보는 것이다. 어떤 나라나 산업 내의 세부 시장별로 발전 수준에 차이가 있을 텐데, 다양한 발전 수준과 이에 따라서 나타나는 사업모델을 비교해보고 기회를 찾아본다. 특히 단순한 사업모델의 비교가 아니고 산업에서 나타날 수밖에 없는 진화의 방향성을 판단하는 것이 중요하다. 특기할 점은 이런 진화의 방향성이라는 것이 큰 그림에서 살펴보면 산업마다 크게 다르지 않다는 것이다. 앞서도 논의했지만, 가장 기본적인 방향성은 기업화/산업화와 분업화/전문화의 두 가지다. 어떤 시장에서 이런 방향성으로 해석될 수 있는 사업모델을 발견할 수 있다면 이를 다른 아직 뒤쳐진 시장에 적용할 방법을 찾아보는 것은 신사업으로서 반드시 고려되어야 할 기회다*.

거꾸로 기업화/산업화와 분업화/전문화라는 방향에서 아직 뒤쳐진 시장을 찾는 것도 또 한 가지의 방법이다. 아직 가내수공업을 벗어나지 못한 산업을 찾았다면, 이를 통합하면서 기업화/산업화할 기회를 찾아보고, 산업 내에서 어떻게 가치사슬을 분화해 전문화시킬 것인지 알아보면 좋은 기회를 발견할 수도 있다. 이런 트렌드를 통해 성공한 가장 멋진 사례

---

* 산업의 진화모델을 찾는 방법에 대해서는 세 번째 파트의 12장에서 상세하게 다루었다.

는 프랑스의 베르나드 아르노(Bernard Arnault)가 만들어 낸 럭셔리 패션그룹 LVMH(Luis Vuitton Moët Hennessy)일 것이다. 그는 전통과 장인정신에 의존하는 바람에 가내수공업을 벗어나지 못하던 럭셔리 패션업계에 전형적인 기업화/산업화 전략을 사용함으로써 럭셔리 패션을 대규모 산업으로 변모시켰다. 그는 선친으로부터 물려받은 작은 건설회사를 크리스챤 디올(Christian Dior)을 시작으로 루이비통(Louis Vuitton), 모에 헤네시(Moët Hennessy), 셀린느(Celine), 겔랑(Guerlain), 펜디(Fendi), 겐조(Kenzo) 등 무수한 럭셔리 패션 브랜드들을 M&A해 LVMH라는 거대 패션 그룹으로 진화시켰다. 이를 통해 LVMH는 매출 40조 원(281억 유로), 시가총액 37조 원(276억 유로)에 이르는 거대기업으로 성장했고, 아르노 개인도 35조 원(328억 달러)에 달하는 부를 쌓았다.

　네 번째 방법은 다른 산업으로부터 사업모델을 차용함으로써 기존 사업모델보다 경쟁우위를 가진 사업모델을 만들어 내는 것이다. 이 세상에 완벽한 산업은 없다. 모든 산업에는 그 나름대로의 문제점이 존재한다. 기존 기업이 고정관념과 관성에 빠져서 개선을 이루어내고 있지 않은 문제점을 찾아서, 이를 근본적인 관점에서 해결하는 방법을 찾는 것은 신사업자가 더 잘할 수 있다. 그리고 이런 해결책을 찾는 데에는 유사한 문제를 해결한 다른 산업이 아주 좋은 힌트가 된다.

　근대적 대량생산의 창시자로 여겨지는 헨리 포드(Henry Ford)가 고안한 컨베이어 벨트를 이용한 연속생산방식은 사실 도축장에서 아이디어를 얻은 것이었다. 헨리 포드가 바꾼 것이라면 사람이 돌리던 벨트를 기계가 자동으로 돌리게 한 것뿐이었다. 한때 미국의 대표적인 투자은행 중 하나였던 메릴린치(Merril Lynch)는 또 다른 좋은 예다. 지금은 뱅크오브아메리카

(Bank of America)에 인수되었지만 메릴린치는 미국에서 가장 혁신적인 은행이었는데, 그 시작은 사실 슈퍼마켓에서 아이디어를 빌려와서 금융업에 적용한 것이다. 메릴린치의 창업자 중 한 사람인 찰스 메릴(Charles Merril)은 원래는 미국의 대표적인 유통업체인 케이마트(K-mart)와 세이프웨이(Safeway)의 대주주였던 사업가였다. 그는 산업혁명을 통해 대량생산되기 시작한 다양한 공산품을 판매하는 대규모 유통업에서 성공한 경험 덕분에 일반 대중을 상대로 하는 유통의 가치를 깨달았다. 그때까지만 해도 주식시장은 소수 부자의 전유물이었을 뿐, 일반 대중은 주식시장에 거의 참여하지 못하고 있었다. 찰스 메릴은 일반 대중이 쉽게 주식을 매매할 수 있는 슈퍼마켓과 같은 사업모델이 필요하다고 판단하고, 이를 처음으로 금융산업에 도입했다. 메릴린치는 제대로 된 최초의 리테일 브로커리지(retail brokerage), 즉 소매 전문 증권회사가 되었고, 주식시장에 일반 대중이 참여할 수 있는 길을 열었다.

중요한 것은 산업에서 기존 사업모델이 갖고 있는 문제점과 한계를 정확하게 이해하고, 이를 해결할 방안을 찾아내고자 하는 자세다.

이러한 네 가지 방향성을 통해 일차적인 아이디어들이 만들어졌다면 마지막으로 다시 한 번 점검을 해보자.

Step 4. 확인과 선정

크게 두 가지 질문을 다시 던져볼 필요가 있다. 첫 번째는 이러한 시각이 기존의 시각과 충분히 차별된 것인가라는 질문이다. 이미 남들이 모두 알고 있는 사업기회이거나, 이미 남들이 열심히 달려들고 있는 사업기회라면 그 매력은 떨어진다. 두 번째는 이러한 차별화된 시각을 통해 충분한 매출/수익을 올릴 가능성이 존재하는가라는 질문이다. 이러한 두 가지 질문은 원점에 대한 근본적인 질문이 된다. 한 발 뒤로 물러서서 객관적인 시각으로 지금까지 찾아본 기회에 대한 질문을 던져보고, '그렇다'라고 대답할 수 있다면 적극적으로 시도해볼 만할 기회임은 분명하다.

앞으로 세 장에 걸쳐서 이러한 프로세스를 조금 더 뜯어볼 것이다. 우선 10장은 트렌드를 생각해 볼 것이다. 가장 상위 레벨에 대한 예시로서 베인앤컴퍼니(Bain & Company)에서 거시 트렌드를 연구하는 매크로 트렌드 그룹(Macro Trend Group)이 제시하는 미래 8대 트렌드를 살펴볼 것이다. 11장에서는 8대 트렌드 중에 하나를 골라 앞서 이야기한 첫 번째 질문, 즉 메가트렌드가 파생하는 변화의 물결에 따라 생성되는 사업기회를 논의해보고자 한다. 이 책에서는 에너지 산업을 예로 들어보려고 한다. 그리고 마지막으로 12장에서는 두 번째 질문, 즉 산업의 문제점을 해결하고 이를 진화시키는 새로운 기회를 어떻게 찾아볼 것인지를, 트렌드를 이해하는 몇 가지 기본적인 방법론을 바탕으로 한 가설을 예로 들어 설명해볼 것이다*.

---

*여기서 이야기하는 트렌드와 기회들은 예시로서 받아들여주기 바란다. 세상에는 수많은 트렌드가 존재한다. 기업에게 그 모든 트렌드가 의미 있는 것은 아니다. 그 기업이 속해 있는 산업, 수행하고 있는 사업, 그리고 제반 환경에 따라 의미가 있는 트렌드는 모두 다르고, 이에 대한 해석도 모두 달라질 수밖에 없다. 따라서 여기에서 제시하는 트렌드가 모든 기업에게 의미 있는 것은 아니다. 이 책은 성공적인 사례들을 바탕으로 신사업을 찾는 방법론을 제시하고자 하는 것이지, 당장 모든 기업들에게 매력적이고 구체적인 신사업기회를 제시하고자 하는 것이 아니다. 여기에서 제시되는 트렌드는 어디까지나 이 책을 쓰기 위한 분석자료로서 사용된 것이고, 이 트렌드를 바탕으로 구체적인 사업기회를 여기서 제시하는 데에는 한계가 있다. 어디까지나 독자의 이해를 돕기 위한 예로서 사용된 데 대해 이해를 바란다.

10

신사업 발굴의 시작은
언제나 트렌드에 대한 이해에서부터

　그러면 지금까지 정리한 큰 방법론을 기반으로 조금 더 현실적이고 구체적인 논의를 진행해보자. 누구나 생각하는 것이지만, 신사업 발굴은 트렌드에 대한 이해에서 시작한다. 세상이 어떻게 변화하고 있고, 또 앞으로 어떻게 변화할 것인지를 판단하여 그 변화에서 생겨날 기회를 찾아야 한다. 컨트라리언 접근의 핵심은 트렌드 해석이다. 컨트라리언의 네 가지 접근 방법은 우선 두 개의 서로 다른 질문에서 시작한다.

　"메가 트렌드 때문에 가치사슬에서
　수요/공급 전망에 변화가 생기는 곳은 어디인가?"

　"메가 트렌드를 통해 기존 산업의 문제점을 어떻게 개선할 수 있을 것인가?"

　첫 번째 질문에 답을 내는 방법은 비교적 간단하다. 트렌드가 산업에서 일차적으로 미치는 영향과 그 영향이 가치사슬을 따라 어떻게 확산될 것인지를 시나리오를 만들어 정리해본 후, 산업 내에서 여러 단계로 나누어 져 있는 가치사슬별로 이러한 영향을 어떻게 바라보는지를 차근차근 조사 해서 비교해보면 된다. 특히 가치사슬의 바로 앞이나 뒤보다 몇 단계를 건 너 뛰어서 차이를 비교해보면 분명히 의미 있는 수치를 발견할 수 있을 것 이다. 그리고 이런 트렌드가 혹시 주기적으로 찾아오는 것은 아닌지 과거 자료를 통해 확인해보고, 만약 그렇다면 현재 상황이 이런 주기에서 어디 에 위치하는지, 혹시 시장과는 다른 시각을 가질 수 있을 것인지를 확인해 보면 된다.

두 번째는 조금 더 난이도가 높다. 지금 산업이 어떠한 문제점을 갖고 있 는지를 발견하고, 그 해결책을 다른 시장이나 다른 산업에서의 트렌드를 바탕으로 찾아내기란 단순한 분석으로 될 일이 아니다. 따라서 두 번째 질 문에 답을 하려면 몇 가지 가설을 먼저 세우고 접근할 필요가 있다. 산업의 역사를 뜯어보면 몇 가지 공통적으로 발견되는 진화 방향성이 존재한다. 이를 바탕으로 산업에서 추가적으로 이루어질 개선 방향성은 어디로 향할 지 검증해 보는 것이 아마도 실용적인 방법일 것이다. 그러면 먼저 트렌드 부터 살펴보자.

트렌드란 무엇인가?

트렌드(trend)는 원래 '회전하다'라는 의미를 지닌 고대 게르만어인 'trandijana'가 중세 영어의 'trenden'을 거쳐 만들어진 단어다. 트렌드는 원 래 해안선이나 길이 굽어진 방향을 뜻하는 것이었으나, 최근에는 '특정한 변화의 방향성'이라는 의미로 사용된다. 개인의 활동이 모여 기업을 이루고, 기업이 모여 산업을 이루고, 산업이 모여 이루어진 경제에서 트렌드라면 개별의 움직임, 기업의 움직임, 산업의 움직임이 쌓여 만들어진, 경제가 움직여가는 변화의 방향성으로 해석하는 것이 적절할 것이다.

신사업을 발굴하기 위한 가장 첫 번째 업무는 트렌드에 대한 파악과 이해에서 출발한다. 트렌드에 대한 이해는 사실 특별한 정답이 존재하지 않는다. 세상에는 트렌드에 대한 무수히 많은 자료가 존재한다. 중요한 것은 거시 환경과 내가 속한 산업 속에서 기업, 시장, 정부, 고객 등의 다양한 참여자(stakeholder)가 어떻게 움직이는지 파악하면서, 이런 움직임이 종합적으로 큰 그림에서 어떤 방향으로 변화가 이루어질 것인지를 해석하는 것이다.

저자가 일하고 있는 베인앤컴퍼니 역시 기업과 성장기회와 신사업발굴을 위한 논의를 시작할 때 거시 경제와 산업에 일어나는 다양한 움직임들을 파악하고, 트렌드를 분석하여 제공한다. 참고 삼아 베인 내에서 이러한 트렌드를 분석하는 전문 부서인 매크로 트렌드 그룹(Macro Trend Group)이 2012년에 발표한 '2020년까지 전 세계의 성장을 주도할 8가지 트렌드'를 한번 살펴보자.

2020년까지의 전 세계 경제 성장

베인의 분석에 따르면 2010년 63조 달러이던 전 세계 총생산(이하 GDP)은 2020년에는 90조 달러까지 성장할 것으로 예상된다. 이러한 27조 달러

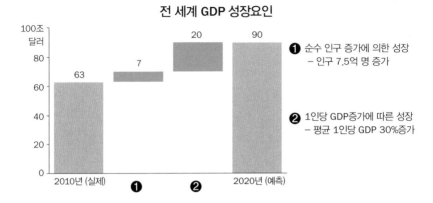

전 세계 GDP 성장요인

❶ 순수 인구 증가에 의한 성장
 − 인구 7.5억 명 증가

❷ 1인당 GDP증가에 따른 성장
 − 평균 1인당 GDP 30%증가

의 추가적인 성장 중에서 7조 달러는 순수하게 인구수의 증가에 기반한 것

이고, 나머지 20조 달러는 1인당 총생산(GDP per capita)의 증가에 따른 성

장이다.

또 27조 달러의 성장 중에서 미국과 유럽과 같은 선진국은 연평균 2.4%

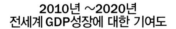

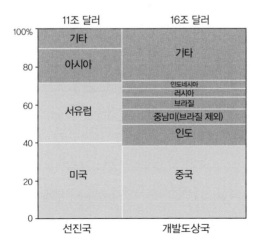

**2010년 ~2020년
전세계 GDP성장에 대한 기여도**

의 저성장 때문에 11조 달러의 추가적인 성장을 만들어 내겠지만, 브릭스와 같은 개발도상국은 5.6%의 성장으로 그 이상인 16조 달러를 키워낼 것이다. 이를 통해 현재 35%인 개발도상국의 비중은 42%까지 늘어나게 될 것이다. 하지만 국가별로는 미국, 서유럽, 중국의 3대 경제권이 여전히 전체 GDP 성장 분의 50%를 차지할 것이다.

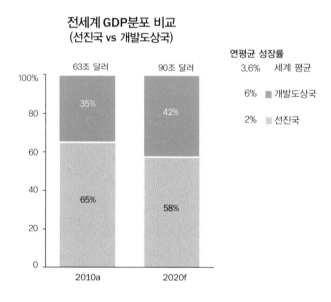

보다 중요한 것은 국가별 상황일 것이다. 경제 발전은 보통 S자 곡선을 통해서 이루어진다. 초기 성장의 시동을 거는 것은 많은 경우, 풍요로운 자연환경에 기반한 천연자원, 농산물등의 1차산업이나, 값싼 노동력에 기반한 2차산업(제조업)에 의해서 이루어지게 된다. 이를 통해 성장엔진이 가동되기 시작하면 급속한 산업화와 도시화가 이루어지면서 고속성장기에 들어가게 된다. 이런 산업화와 도시화 과정은 주로 제조업을 중심으로 시작

되지만, 경제가 성장함에 따라 점점 서비스산업으로 무게중심이 옮겨 간다. 만약 천연자원을 기반으로 성장이 본격화된 국가라면 제조업으로의 이전이 제대로 이루어지는지, 값싼 노동력에 기반한 제조업으로 성장을 본격화한 국가라면 내수를 중심으로 한 서비스업이 자리를 잡는지 여부에 따라 선진국 대열에 진입할 수 있을지가 결정되며, 이를 위해서는 교육의 역할이 매우 크다.

또 한 가지 문제는 인구구조다. 교육수준이 향상되고, 도시화가 이루어지는 과정에서 출산율이 급격히 하락하고 수명이 증가하면서 생산과 소비의 중심이었던 근로인구가 줄어들고 노령인구가 늘어나면 '피라미드'형 인구곡선이 붕괴되는데, 이는 내수 시장을 침체시켜 이미 S자 곡선의 한계에 다다른 선진국의 경제성장에 또 다른 부담을 지운다.

앞으로의 전 세계 경제발전에서 주목하여야 할 변수는 크게 두 가지다. 하나는 급속한 산업화와 도시화를 통해 경제성장을 이루고 있는 브릭스 국가들이 무사히 S자 곡선을 따라 내수를 튼튼히 하며 서비스 산업 중심으로 경제를 전환시킬 수 있을 것이냐라는 것과 선진국들이 인구곡선의 문제점을 극복하고 새로운 지식산업과 혁신을 통해 새로운 단계의 S자 곡선으로 진입할 수 있을 것이냐는 점이다.

최근의 움직임을 보면 첫 번째 변수에서는 브라질과 러시아가 어려움을 만났으며, 중국은 그런대로 순항하고 있는 중이다. 그리고 인도네시아와 인도가 본격적인 S자 곡선에 진입하고 있다. 두 번째 변수에서는 유럽국가들이 심각한 어려움을 겪고 있으나 미국은 새로운 S자 곡선을 창조해내기 시작한 것으로 보인다.

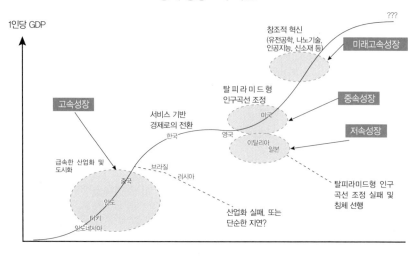

경제 성장 S자 곡선

1인당 GDP

창조적 혁신
(유전공학, 나노기술,
인공지능, 신소재 등)

미래고속성장

탈 피 라 미 드 형
인구곡선 조정

중속성장

고속성장

서비스 기반
경제로의 전환

미국

한국

영국

저속성장

이탈리아
일본

급속한 산업화 및
도시화

브라질

러시아

중국

인도

탈피라미드형 인구
곡선 조정 실패 및
침체 선행

터키

인도네시아

산업화 실패, 또는
단순한 지연?

이러한 국가별 상황까지 감안하여, 앞으로 전 세계 경제 성장은 어떤 트렌드가 주도할 것인지를 살펴보자.

앞으로 10년간 전 세계 경제성장을 견인할 8대 트렌드

베인은 앞으로 전 세계 경제에서 추가적으로 창출될 27조 달러는 크게 8가지 트렌드가 중심이 되어 실현될 것으로 전망한다.

이러한 8가지 트렌드 중에서 첫 네 가지는 개발도상국이 만들어 낼 16조 달러를 견인하고, 마지막 네 가지는 선진국에서 이루어질 11조 달러의 새로운 가치창출을 견인할 것이다.

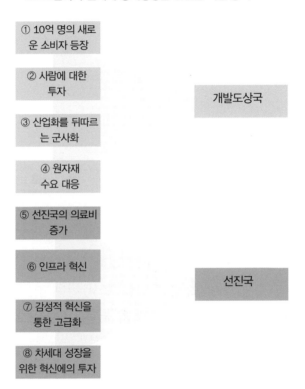

8대 트렌드 :
2020년까지 전세계 경제성장을 견인할 핵심 동력

첫 번째 트렌드. 10억 명의 새로운 소비자 등장

전 세계에는 70억 명이 넘는 인구가 있다. 하지만 이 인구 중에 실제로 의미 있는 소비를 할 수 있는 경제력을 보유한 인구는 일부에 불과하다. 단순한 자급자족을 벗어나 의미 있는 소비생활을 하면서 경제활동에 참여하기 위해서는 최소한 연 5,000달러 이상의 가계소득이 필요하지만, 그 이상의 소득을 가진 인구는 전 세계 인구 중 절반인 35억 명에 불과하다. 하지만 개발도상국 경제가 빠르게 성장함에 따라, 2020년까지 이러한 인구수

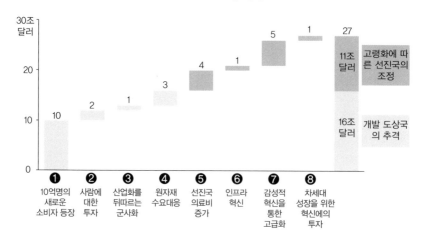

**2010년 ~2020년까지 전세계 실질 GDP성장에 대한
8대 메가트렌드의 기여도**

11조 달러	고령화에 따른 선진국의 조정
16조 달러	개발 도상국의 추격

❶ 10억명의 새로운 소비자 등장
❷ 사람에 대한 투자
❸ 산업화를 뒤따르는 군사화
❹ 원자재 수요대응
❺ 선진국 의료비 증가
❻ 인프라 혁신
❼ 감성적 혁신을 통한 고급화
❽ 차세대 성장을 위한 혁신에의 투자

는 13억 명이 증가한 48억 명에 달할 전망이다. 특히 이렇게 증가할 새로운 소비인구 중에서 2/3이상을 중국과 인도가 차지하면서 엄청난 소비시장이 형성되고 있는 중이다. 하지만 간과해서는 안 될 것이 한 가지 있다. 아무리 중국과 인도가 성장한다고 해도, 여전히 절대적인 소비액 기준으로는 선진국과 상당한 격차가 존재한다는 점이다. 빠른 성장에도 불구하고 2020년을 기준으로 전망해 볼 때, 미국이나 일본의 1인당 소득 대비 개발 도상국의 1인당 소득은 여전히 5배 이상 차이가 날 것이다. 따라서 앞으로 추가적으로 생겨나게 될 전 세계 소비의 성장분 중에서 중국과 인도가 차지하는 비중은 금액 기준으로는 1/4를 겨우 넘는 수준일 것이며, 미국을 중심으로 한 선진국에서도 새로운 시장성장은 계속될 것이다.

 이런 트렌드에 따른 새로운 기회를 판단할 때 두 가지를 고려해야 한다. 첫 번째는 새로 생겨나는 13억 명의 소비시장은 기존 시장과 상당한 차이가 존재한다는 것이다. 즉, 지금의 핵심 소비시장인 선진국 시장에 비해 훨

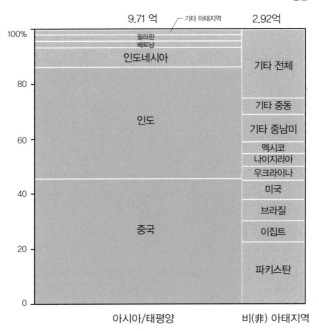

**2010년 ~2020년
전세계 소비인구 증가분 중 각국 비중**

종합 = 13억

씬 낮은 가격대가 요구되는 시장이므로 선진국 시장과는 다른 상품구성을 해야 한다는 점이다*. 따라서 기존의 비용구조와는 근본적으로 다른 형태

---

*이러한 선진국과 개발도상국 시장의 차이에 맞추어 어떻게 상품을 개발하여야 하는지에 대해서는 비제이 고빈다라잔(Vijay Govindarajan) 교수의 『역혁신(Reverse Innovation)』이라는 탁월한 개념이 있다.

**과거 중국의 부유층이 막 생겨나던 시기에는 최고급의 명품브랜드들이 각광을 받았으나 최근에는 이보다는 저렴한 가격의 브랜드들이 전 세계적으로 관심을 받고 있다. 롱샴(Longchamps), 코치(Coach)같은 중가 명품이나 캐나다 구스(Canada Goose)와 같은 브랜드가 좋은 예로 전 세계에서 급성장을 하고 있다.

의 사업모델을 구축해야 할 가능성이 높으며, 이러한 사업모델의 혁신을 통해 새로운 사업기회가 등장할 것이다. 두 번째는 소비수준의 격차에도 불구하고, 새롭게 생겨나는 13억 명의 소비인구는 기존 소비인구들이 소비했던 취향을 동경하고, 최소한 일시적으로라도 이에 크게 영향을 받는다는 점이다**. 따라서 기존 시장에서의 고객 취향을 바탕으로 새로운 소비인구를 이끌 수 있다면 새로운 13억 명의 소비인구를 선점할 수 있는 좋은 방법이 될 것이다.

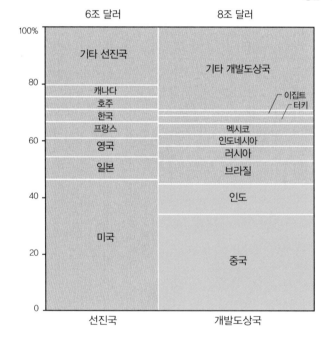

2010년 ~2020년
전체 최종 소비 성장분 중 각국 비중

총합 = 14조 달러

두 번째 트렌드, 사람에 대한 투자

경제수준의 향상은 의료와 교육에 직접적인 영향을 미친다. 의료비의 경우 단순히 소득 증가에 따라 돈을 더 쓰는 데서 그치는 것이 아니다. 사람 한 명, 한 명 목숨의 가치가 올라가고, 사회적으로 인식이 향상되면서, 의료에 대한 관심이 급속하게 높아지게 된다. 2011년 기준, 미국은 1인당 연간 8,700달러의 의료비를 지출하지만, 인도는 그 1%에도 못 미치는 54달러를 지출했다. 선진국으로 갈수록 전체 GDP대비 의료비 지출의 비중이 늘어나는 이중의 성장이 이루어지며, 이를 감안할 때, 브릭스 국가에서만도 연간 5,000~7,000억 달러에 달하는 의료비 지출 증가가 있을 것으로 예상된다. 이는 의료 산업에 막대한 성장기회가 될 것이다.

또 한 가지 중요한 것은 교육이다. 교육수준의 향상은 경제성장에 따른 결과이기도 하지만, 그 전에 경제성장을 이루기 위한 전제조건이기도 하다. 특히 1차산업에서 2차산업, 2차산업에서 3차산업으로 S자 곡선을 타고 경제가 성장하기 위해서는 교육에 대한 투자가 반드시 선행되어야 한다. 따라서, 모든 개발도상국들은 최근 교육에 많은 관심과 노력을 기울이고 있다.

의료와 교육의 성장이라는 기본적 트렌드에 더하여 생각해볼 점이 있다. 교육과 의료는 인력이 차지하는 중요성이 높다는 특징이다. 기본적으로 일정 학생마다 이들을 지도할 교사를 필요로 하며, 의사 역시 마찬가지다. 다시 말하면 실제로 의료 수준을 높이고, 교육 수준을 향상시키기 위해서는 그 전에 이를 수행할 훈련을 받은 전문 인력이 필요하며, 이는 정부 차원에서 큰 고민이다. 이런 이유로 최근에는 정보통신기술(IT)를 활용하여 이를 극복해 보려는 노력이 관심을 끌고 있다. 즉, 인도네시아, 인도, 중국과 같은 국가에서 단기간에 효과적인 교육시스템을 확보하기 위해 기존의

국가별 교육 / 의료 지출 현황

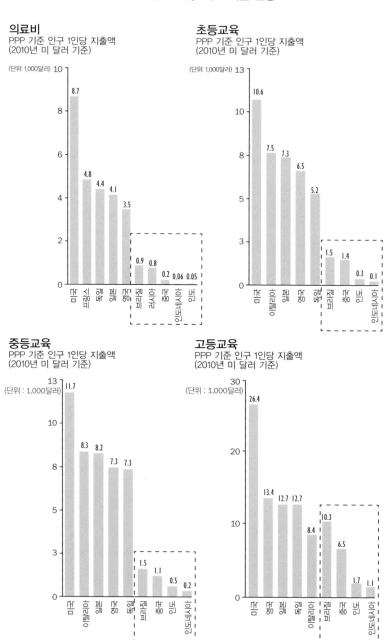

의료비
PPP 기준 인구 1인당 지출액
(2010년 미 달러 기준)

(단위: 1,000달러)

8.7 4.8 4.4 4.1 3.5 0.9 0.8 0.2 0.06 0.05

초등교육
PPP 기준 인구 1인당 지출액
(2010년 미 달러 기준)

(단위: 1,000달러)

10.6 7.5 7.3 6.5 5.2 1.5 1.4 0.3 0.1

중등교육
PPP 기준 인구 1인당 지출액
(2010년 미 달러 기준)

(단위 : 1,000달러)

11.7 8.3 8.2 7.3 7.3 1.5 1.1 0.5 0.2

고등교육
PPP 기준 인구 1인당 지출액
(2010년 미 달러 기준)

(단위 : 1,000달러)

26.4 13.4 12.7 12.7 8.4 10.3 6.5 1.7 1.1

방법, 즉 잘 훈련된 교사를 양성하여 이들을 내보내는 방법과 더불어 IT를 이용해 더 많은 학생들에게 더 양질의 교육 콘텐츠를 제공하는 사업 방법을 고민하고 있으며, 이는 특히 좋은 사업기회가 될 수 있다. 특히 한국처럼 이미 IT를 활용한 온라인 교육이 발달한 국가라면 더욱 그렇다.

세 번째 트렌드, 산업화를 뒤따르는 군사화

전 세계의 군비 경쟁은 1989년 소련이 붕괴한 후에 크게 감소했다. 실제로 미국의 노스롭(Northrop)이나 제너럴 다이내믹스(General Dynamics)와 같은 군수업체들은 1990년대 큰 어려움에 처했었다. 하지만 최근 들어 미국이라는 단일 국가가 지배하던 국제 정세에 중국이 새로운 축으로 떠오르면서 큰 변화가 예상되고 있다. 특히 과거 공산주의 시절과는 달리, 전 세계 국가들이 광범위한 수출/수입에 기반하여 더 많이 얽히고, 중국 역시 전 세계 원자재의 가장 큰 수입국이자, 완제품의 가장 큰 수출국으로서의 입지를 갖게 되면서 현재 미국이 장악하고 있는 전 세계의 제해권(制海權)을 불편하게 느낄 수밖에 없는 상황이다. 자국의 글로벌 공급망을 안정적으로 확보하기 위해 중국은 중국해(中國海)를 벗어나 미국의 태평양 방위선 밖으로 진출할 수 있는 대양해군(大洋海軍)의 필요성을 점점 더 강하게 느끼고 있고, 적극적으로 군비를 확충하고 있는 상황이다. 이는 결국 인접국가에 위협이 되면서 전체 아시아 태평양 지역에서 새로운 군비경쟁이 촉발될 가능성이 높다. 여기에 더해 금융위기 등으로 미국이 국방비 확충에 충분한 투자를 할 여력이 부족해지고, 지정학적 리스크가 증대되면서, 미국의 완전한 패권 하에서 유지됐던 안정에 대한 불확실성이 점차 증가하고 있다는 점도, 전 세계적인 새로운 군비경쟁 가능성을 높이고 있다. 이

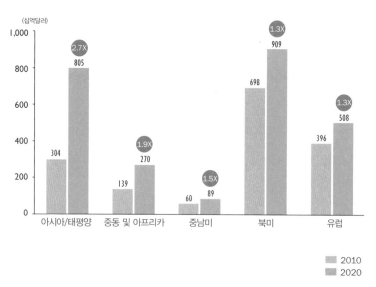

국방비 지출액

(십억달러)

- 아시아/태평양: 304 (2010), 805 (2020), 2.7X
- 중동 및 아프리카: 139 (2010), 270 (2020), 1.9X
- 중남미: 60 (2010), 89 (2020), 1.5X
- 북미: 698 (2010), 909 (2020), 1.3X
- 유럽: 396 (2010), 508 (2020), 1.3X

■ 2010
■ 2020

에 따라 2010년부터 2020년까지 전 세계 국방비 지출은 현재 1.6조 달러에서 1조 달러가 증가한 2.6조 달러 수준까지 증가할 것으로 예상되며, 그 성장은 특히 아시아/태평양 지역에 집중될 것으로 전망된다.

기업 입장에서의 시사점은 두 가지로 생각해 볼 수 있다. 우선 이러한 국방비 지출액 증가가 개발도상국을 중심으로 이루어질 것임을 감안하면 단기적으로는 기술력을 바탕으로 한 군수 사업에 기회가 있을 것이다. 하지만 군수산업의 국가전략적 특성을 감안하면, 시간이 흐름에 따라 국내 생산 중심으로 전환이 시도될 것이어서 일부 첨단 무기를 제외하면 잠재력은 제한적으로 보아야 한다. 충분히 큰 내수시장을 갖고 있는 미국이나 중국 등의 군수업체나 항공, 전자 등 높은 기술력이 필요한 영역에서 경쟁력을 갖춘 군수업체에게는 냉전 후 처음으로 맞는 큰 성장기회가 주어질 것이다. 두 번째는 공급망(supply chain)에 대한 장기적인 리스크다. 증가하는 불안정성은 과거 중동에서와 같이 아시아 지역 내에서의 돌발상황 가능성을 높이고 있다. 돌발상황에 대한 대안이 필요하다. 거꾸로, 이런 긴장 상황을 절호의 사업기회로 이용하는 경우도 있다. 시드릴의 오너인 존 프레드릭센은, 1980년대 핵심 사업이던 유조선 해운사업을 이란/이라크 전을 활용하여 크게 키우면서 부를 쌓았다.

네 번째 트렌드, 원자재 수요 대응

개발도상국이 빠르게 성장함에 따라 자원에 대한 수요가 크게 늘어나면서 자원 변동성이 급격하게 증가하고 있다. 특히 최근에는 자원 간의 상호 연결고리도 강화되고 있어 불확실성이 더욱 커지고 있다.

우선 2000년대 가장 중요한 화두였던 석유와 가스는 2020년까지 현재 수요 대비 18% 정도 증가가 예상되어, 기존 공급원 외에 추가 공급이 필요했으나, 최근 미국을 중심으로 셰일 가스와 타이트 오일이 상업화된 덕분에 기존 가격대에서 새로운 공급원이 확보되면서 어느 정도 안정성을 찾은 상황이다. 물론 여기서 파생된 다양한 변화가 예상되고 있으나*자원 자체에 대한 변동성은 크지 않을 것으로 예상된다.

수자원은 2020년까지 현재보다 약 20% 수요가 증가할 것으로 예상되어, 해마다 약 1조 입방미터(m³)의 담수(淡水)가 추가로 필요한 상황이다. 수자원의 가장 큰 문제는 뾰족한 해결책이 없다는 점이다. 지구의 70%가 물로 덮여 있음에도 불구하고, 지구상의 전체 물 중에서 해수를 제외한 담수의

---

*에너지 산업 내에서 발생하는 변화에 대해서는 다음 장에서 조금 더 상세히 뜯어볼 것이다.

자원 간의 상호연계

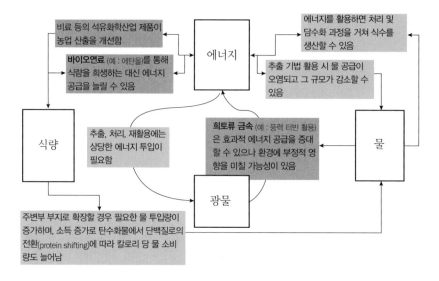

비중은 2.5%에 불과하다. 담수 중에서도 70%는 빙하와 눈 형태로 존재하고 있고, 지하수가 29%를 차지하고 있어, 호수, 강, 하천과 같이 드러난 담수는 전체 물의 0.025%밖에 안 된다. 여기에 더해 지역에 따라 편차가 매우 큰데, 인구 분포와 공급량의 불일치를 해소시키기에는 운송비가 너무 비싸, 지역적 수요/공급을 맞추는 대안이 현재로서는 매우 부족한 상황이다. 예를 들어 전 세계 담수 자원의 26%는 전 세계 인구의 불과 6%가 살고 있는 남미에 있는 반면, 아시아에는 전 세계 인구의 60%가 살고 있으나, 담수 자원은 26%에 불과하다. 하지만 남미에서 아시아로 담수를 운반할 경우, 1입방미터 당 약 18달러(2만 원)의 운송비가 필요해서 경제적으로 의미가 전혀 없다*.

*참고로 현재 서울시 수도요금의 경우 1입방미터당 2천 원 정도에 불과하다.

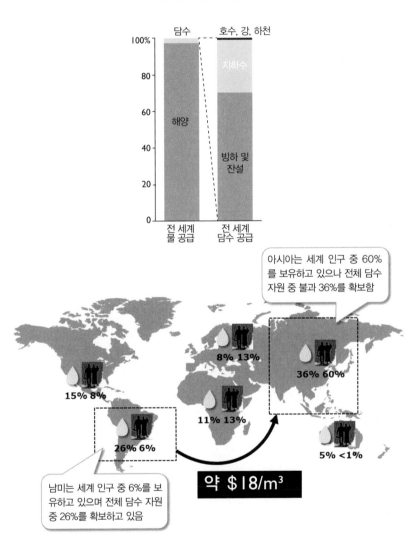

전세계 담수 현황

아시아는 세계 인구 중 60%를 보유하고 있으나 전체 담수 자원 중 불과 36%를 확보함

남미는 세계 인구 중 6%를 보유하고 있으며 전체 담수 자원 중 26%를 확보하고 있음

식량자원은, 인구 증가와 1인당 소비열량의 증가로 2020년까지 약 13% 수요 증가가 예상되고 있으나, 이미 생산성이 높은 토지는 대부분 활용되

고 있어 추가 생산을 하려면 생산성이 떨어지는, 좋지 않은 토지로의 확대
가 필요한 상황이며, 여기에 더해 물, 비료 등의 추가 자원이 필요하므로
생산비가 크게 올라갈 수밖에 없다. 여기에 더해 소득이 증가하면서 기존
의 탄수화물 중심의 식량소비가 급속하게 단백질 중심으로 옮겨가면서 1
칼로리를 생산하는 데 필요한 자원 투입량은 더 커지고 있다. 향후 큰 불안
정성이 예고된다.*

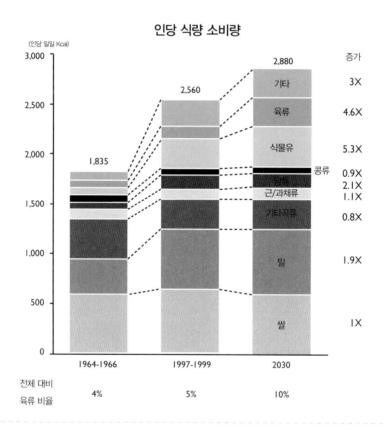

인당 식량 소비량

*식품 1kg를 생산하는 데 필요한 물을 비교해 보면, 옥수수는 2입방미터가 필요한 반면, 닭
은 6입방미터, 소는 15입방미터가 소비된다.

특히 문제가 되는 것은 광물이다. 산업화로 구리, 알루미늄과 같은 핵심 광석뿐 아니라 희토류 등 다양한 광물의 수요가 크게 증가하고 있고, 2020년까지 광물에 따라서는 현재 수요의 두 배에서 세 배가 추가로 필요할 것으로 전망하고 있다. 광물은 추가로 광산을 개발하면 생산은 가능하나, 실제 생산까지의 기간이 짧게는 5년에서 길게는 15년까지도 필요하므로 이러한 시간 차이는 불확실성을 높일 전망이다.

여기에 더해 이미 석유를 통해 자원이라는 것이 투자대상으로서 매력적이라는 사실을 깨달은 자본들이 자원시장에 본격적으로 뛰어들고 있어, 앞으로 자원시장의 가격 변동성은 크게 높아질 가능성이 높다. 이러한 불확실성, 특히 광물과 수자원의 증가하는 변동성은 국가나 산업의 성장에 큰 위협요소가 될 가능성이 높고, 기업이 사업을 전망할 때도 중요하게 고려해야 할 요소다.

다섯 번째 트렌드, 선진국 의료비 증가

선진국에서 가장 중요한 변화는 인적 구성이다. 인구가 빠르게 노화하면서, 전반적으로 의료비가 크게 늘고 있다. 사람들이 더 오래 살지만, 더 천천히 늙는 것은 아니다. 다시 말하면 늙고 병든 사람들이 인구에서 차지하는 비중이 크게 늘고 있다. 이와 함께 생활수준이 향상돼서 고혈압, 당뇨 등 성인병, 암과 같이 오랜 기간 동안 지속적인 치료를 요구하는 질병이 늘어났다. 특히 항암제와 같이 치명적인 질병에 대한 치료방법이 개발될수록, 아이러니하게도 인당 의료비 지출은 급속하게 늘어나게 된다. 또한, '웰빙'을 중요시하면서, 과거에는 사람들이 특별히 돈을 지출하지 않던 제품과 서비스에까지 소비가 증가하고 있다. 미용과 스파 같은 것은 물론이거

의료비 부담의 증가

인구 노령화 진전

세계 노령화 지수
(= 15세 미만 인구 대비 65세 이상 인구 비중)

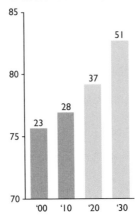

만성 질환 등 질병 증가

인구 중 비만자 비율

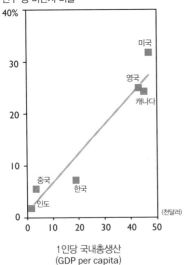

1인당 국내총생산
(GDP per capita)

의료 비용 대비 효과 감소

평균 기대 수명(년)

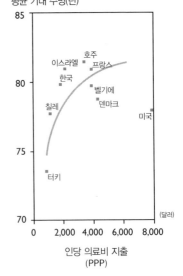

인당 의료비 지출
(PPP)

니와, 치아 임플란트, 인공관절 같이 '받으면 편리하나, 살고 죽는 것에는 큰 관련이 없는' 치료들도 크게 소비가 증가하고 있다. 이러한 의료비 증가는 그 자체만으로도 다양한 사업기회를 만들어낼 것으로 예상되고 있다.

따라서, 선진국에서는 후진국과 다른 이유로 의료지출이 크게 증가할 가능성이 높은데, 중요한 것은 증가에 따르는 결과다. 의료비는 그 사회보장적 특성 때문에 사회 전체가 부담을 나눠 갖기 때문에 의료비 증가는 사회적으로 큰 부담이다. 더구나, 최근 미국, 유럽 등 세계 각국의 정부가 늘어나는 재정적자로 고민이 큰 상황에서 의료비 증가압력은 받아들이는 데 한계가 있다. 따라서 어떻게 의료산업을 효율화시킬 것이냐는 선진국을 중심으로 매우 중요한 화두가 되고 있다. 미국은 현재 의료비가 전체 GDP에서 차지하는 비중이 10% 중반 정도이지만, 이대로 의료비가 늘어난다면 2020년에는 20% 중반까지 차지할 것으로 예상되고 있다. 이러한 문제를 해결하기 위해 최근 이루어지고 있는 움직임은 크게 세 가지다. 우선 예방에 대한 관심이다. 이미 암이라는 질병에서 잘 드러났지만, 전체 치료비라는 측면에서 볼 때, 이미 악화된 다음보다는 초기에 검진해서 찾아내는 것이 싸게 들고, 그보다 이전에 흡연이나 음주와 같이 암을 유발하는 원인을 제거함으로써 발생률을 낮추는 것이 싸게 든다. 따라서 선진국에서는 어떻게 하면 성인병이나, 암과 같은 질병을 예방하고, 조기에 찾아내 치료할 수 있을지에 투자를 크게 늘리고 있다. 두 번째는 정부와 개인의 참여 증가다. 과거에는 제약회사들이 모든 시스템을 주도하고 서비스의 공급자라 할 수 있는 의사들이 선택해 온 것이 의료산업이었지만, 늘어나는 비용을 통제하기 위해 정부의 보다 적극적인 개입이 이루어지고 있고, 개인들 역시 '웰빙'에 대한 관심이 높아져서 공급자가 아닌 수요자가 시장을 드라이

브하게 될 가능성이 높아지고 있다. 미국의 '오바마케어'는 정부의 보다 적극적인 개입을 상징하는 좋은 예다. 마지막은 적극적인 정보기술(IT) 활용이다. 전체 의료산업의 효율을 높이기 위해 정보기술을 이용하고자 하는 시도가 폭넓게 이루어지고 있고, 정보기술을 활용한 새로운 기기와 서비스가 앞으로 속속 선보이게 될 것으로 전망된다.

여섯 번째 트렌드, 인프라 혁신

개발도상국이 본격적으로 경제 성장을 하려면 도로, 항만, 전기, 상하수도 등 사회간접자본인 인프라 확충이 반드시 선행되어야 한다. 전 세계에서 매주 백만 명이 넘는 사람이 시골에서 도시로 이주하고 있는데, 이러한 급속한 도시화가 이루어지면서 근본적으로 새로운 도시가 건설되어야 한다. 그런데 앞으로는 개발도상국뿐 아니라 선진국에서도 인프라에 다시 투자해야 할 것이라는 예상이 힘을 얻고 있다. 현재 선진국에서 사용되는 대부분의 인프라는 대부분 1900년대 초반, 늦어도 1900년대 중반까지 계획되고 만들어진 것에 기초하고 있다. 이러한 인프라는 과거 100여 년 동안 사회 발전을 떠받드는 역할을 충실히 수행했지만, 최근 들어 기술이 급격하게 발전하고 사회가 진화하면서, 새로운 인프라에 대한 니즈가 급격하게 증가하기 시작했다. 전기 사용이 급격하게 증가하면서 전력 체계 및 발전 용량에 부하가 걸리고 있고, 대부분의 대도시들은 심각한 교통정체를 빚고 있다. 전 세계 물류의 가장 탁월한 혁신이었던 파나마 운하만 해도 최근 널리 이용되는 케이프(Cape)급 벌크선이나 15,000TEU급 메가컨테이너선은 통행이 불가능하여, 최근 확장공사가 진행 중에 있다. 기존에 건설되었던 상하수도망도 많은 선진국에서 수

1990년과 2010년 중국 상하이 푸동지구의 모습 (출처: skyscrapercity.com)

명이 다해가고 있다. 특히 선진국들의 인프라 투자를 살펴보면, OECD 국가의 정부 예산 중에서 사회간접자본에 투자되는 비중이 1990년 9.5%에서 2005년에는 7.1%로 꾸준히 감소하고 있다. 이렇게 겉으로 보이지 않은 인프라에 대한 부진한 투자는 반대로 성장하는 인프라 수요와 맞물려 조만간 그 후폭풍이 현실화될 것으로 전망된다. 인프라 시장은 앞으로 선진국과 후진국 모두에서 근본적인 성장이 예상되고 있으며, 이는 관련된 다양한 산업들에게는 장기간에 걸친 성장 사이클의 시작을 알리고 있다.

선진국과 후진국의 주요 인프라 수요

선진국	후진국
수십 년 전에 계획/구축된 인프라에 대한 근본적인 재정비 필요성 증대	대규모의 도시화가 빠르게 진행되면서 대대적인 인프라 및 서비스 확충 필요
• 낙후된 항공 관제 시스템	• 상하수 및 폐수처리 시스템
• 수명이 다해가는 상하수도 체계	• 도로 및 다리
• 전력 수요에 못 미치는 발전 인프라	• 철도 및 교통체계
• 성장/수요패턴 변화로 인한 철도체계 병목	• 주택공급
• 주요 도로 상태 악화 및 고속도로 정체	• 하수처리, 위생
• 폐수처리 시스템 노후화 및 용량 부족	• 쓰레기 처리
• 구조적으로 낙후된 다리, 제방, 댐	• 치안, 화재, 병원 등 기본 사회서비스

OECD 국가의 인프라 투자 현황

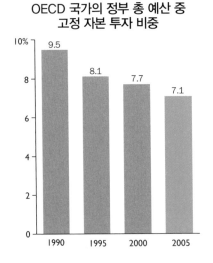

OECD 국가의 정부 총 예산 중 고정 자본 투자 비중

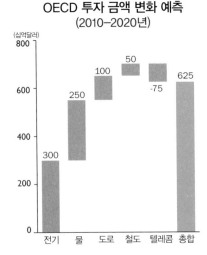

OECD 투자 금액 변화 예측
(2010~2020년)

일곱 번째 트렌드, 감성적 혁신을 통한 고급화

개발도상국에서 지금까지 사용되지 않던 것들이 새롭게 고객들에게 알려지고 소개되면서 시장이 생기는 것과 달리, 앞으로 선진국에서는 GDP 성장의 상당 부분이 이미 존재하고 있는 '기존' 제품의 개선을 통해 부가가치를 창출할 것으로 전망된다. 일반적으로 선진국에서의 성장은 애플의 아이폰이나 새로운 항암제와 같은 엄청난 하이테크로 이루어진 기술혁신에 기반할 것으로 생각하지만, 실제로 살펴보면 선진국 경제의 대부분은 매우 기본적인 로우테크에 기반해서 이루어지고 있다.

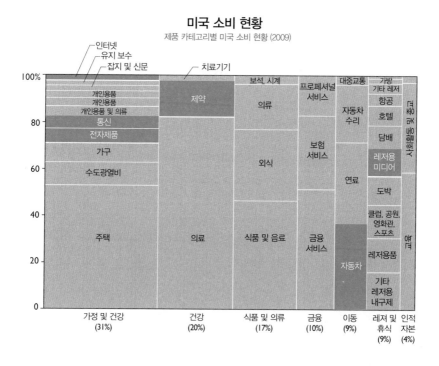

미국 소비 현황
제품 카테고리별 미국 소비 현황 (2009)

하이테크가 요구되는 카테고리

여기서 잠깐 생각해 볼 것은 혁신(Innovation)이다. 일반적으로 혁신은 기술발전과 동일시되지만, 사실 혁신은 기존에 이루어지던 것을 바꾸어 놓는 것이라면 무엇이든 포함하는 개념이다. 나누어 보면 일반적으로 생각하는 혁신인 기술 혁신(Hard innovation)과 다른 형태의 감성 혁신(Soft innovation)으로 구분해서 생각해볼 수 있는데, 전자는 주로 과학기술 및 R&D에 기반하여 효율성을 높이고 비용을 절감하는 목적으로 이루어지고, 새로운 제품, 서비스를 창출해 내는 것이 중심이 되는 반면, 후자는 창의적 아이디어를 통해 고객 경험을 개선하고, 더 많은 소비를 부추기는 방향으로 이루어진다. 대부분의 기술적인 혁신이 전자제품, 자동차, 제약 등 일부 첨단 산업을 중심으로 이루어지는 반면, 감성적인 혁신은 나머지 대부분의 로우테크 산업에서 발전을 만들어내게 된다. 과거 선진국에서는 성장이 멈추면 주로 경쟁을 통해 시장점유율을 확보하려 했으나, 최근에는 감성 혁신을 통해 시장규모를 키우려는 노력으로 관심이 옮겨가고 있다.

감성 혁신을 통한 부가가치 창출의 대표적인 사례로 커피를 들 수 있다. 지난 10년간 커피의 소비량은 21% 성장하는 데 그쳤지만, 커피산업의 규모는 80% 이상 성장했다. 이는 커피산업이 지속적인 혁신을 통해 소비자들이 같은 커피를 마시더라도 더 많은 돈을 소비하고, 더 많은 만족도를 주는 방향으로 진화한 데 기인한 것이다. 스타벅스(Starbucks)는 새로운 고객경험을 창출하며 한 잔에 50원에서 100원에 불과하던 커피라는 상품을 100배의 부가가치를 붙인 5000원 이상의 상품으로 변신시켰다.

'기존에 이용되던 상품'이지만 감성 혁신을 통해 고급화하는 방식은 크게 세 가지 방향에서 부가가치를 창출해낼 것이다. 첫 번째는 프리미엄화다. 패션산업에서 살펴볼 수 있는 것처럼, 기존 제품/서비스보다 비교우위에 있는 고급화된 '프리미엄' 제품을 개발해서 고객의 구매를 부추기는 방향은 증가하는 부유층을 목표로 하여 앞으로 더욱 가속화될 것이다. 두 번째는 품질 향상이다. 이는 자동차나 의료산업에서 주로 이루어지고 있는 것인데, 기존 제품을 대체하는 신제품을 만들면서 여러 가지 품질을 개선함으로써 지속적으로 상품가격을 높인다. 세 번째는 틈새 시장이다. 주로 서비스 산업에서 많이 나타나는데, 기존의 상품에 만족하지 못하는 일부 고객을 대상으로 맞춤형 상품을 제공해서 시장을 확장하는 것이다. 물론 이와 동시에 기술적 혁신을 통해 가격을 낮추면서도 보다 좋은 제품을 판매하고자 하는 노력도 계속될 것이다. 전자제품의 경우가 대표적이다.

'감성 혁신을 통한 고급화'라는 트렌드는 기업에게 몇 가지 중요한 시사점을 던져준다. 우선 기술 혁신보다 더 큰 기회가 감성 혁신을 통해 만들어질 수 있다는 점이다. 특히 다양한 소비재 시장에서 상품의 고급화와 다양화를 통해 새로운 부가가치 창출의 기회를 찾을 수 있고, 이는 단순한 경쟁 중심의 사고가 아닌 창의성을 바탕으로 한 새로운 시장 창출로 사업의 무게중심이 옮겨가야 함을 의미할 수도 있다.

여덟 번째 트렌드 : 차세대 성장을 위한 혁신에 투자

마지막 트렌드는 선진국이 성장정체를 극복하려는 움직임과 관련이 있다. 산업혁명은 지난 200여 년간 전 세계에서 가장 중요한 성장패턴을 만들었다. 앞서 살펴본 S곡선은 기본적으로 산업혁명의 패러다임에 기반하고 있고, 대부분의 국가들은 이러한 곡선을 따라 경제발전을 이루어 왔다. 문제는 이미 곡선의 마지막 부분에서 성장의 한계를 겪고 있는 선진국이다. 이들이 다시 새롭게 성장하기 위해서는 산업혁명과 같이 근본적으로 가치창출 방법을 바꾸어 놓을 혁신이 필요하다. 이를 위해 다양한 연구와 투자가 이루어지고 있는데, 현재까지 논의를 보면 크게 여섯 가지 영역이 중심이 되고 있다.

첫 번째는 전기화(電氣化)다. 전기는 가장 쉽게 통제가 가능한 형태의 에너지다. 열이나 운동에너지로 전환이 용이하여 매우 효과적으로 이용할 수 있지만, 아직까지는 같은 에너지를 내는 데는, 전기자동차와 휘발유자동차의 차이에서 볼 수 있듯이, 석유제품이 더 쉽게 저장하고 운반할 수 있다. 하지만 정보기술의 발달은 이러한 한계에도 불구하고 모든 물건을 전기로 작동하고 제어하는 세상을 만들어가고 있다. 자동차에서 기계 부품보다 전기전자 부품이 차지하는 비중이 더 커지기 시작했고, 이미 자동차한 대에 수 킬로미터의 배선이 들어가고 있으며, 모든 것이 전기로 작동되는 전기자동차가 이미 시장점유율을 높여나가고 있다. 심지어 석유를 캐는 심해유전 장비도 과거 유압으로 작동되던 것이 최근에는 전기모터로 바뀌었다. 앞으로 전기를 보다 효과적으로 이용하기 위해 생산(발전), 저장(축전), 운반(송배전)에 많은 혁신이 이루어질 것이고, 이와 함께, 우리가 몸에 걸치는 옷부터 자동차, 집과 빌딩에 이르는 모든 사물의 전기화가 이루어질 것이다.

두 번째는 빅데이터(Big data)와 인공지능, 그리고 로보틱스다. 전자산업의 발전으로 이 세상의 모든 현실을 디지털화된 정보로 바꾸어 저장하고 분석할 수 있게 되었다. 전기화를 통해서, 우리 몸, 집, 자동차 등의 모든 사물에 센서가 부착될 것이다. 핵심은 이러한 변화가 세상의 어떤 문제를 이해하고, 대안을 제시하는 데 필요한 모든 정보를 아주 저렴한 가격에 갖출 수 있게 해줄 것이라는 점이다. 과거에는 짐작이나 직관으로 해결하던 일들을 실제 데이터에 기반하여 해결하게 될 것이다. 하루하루 개개인의 몸 상태와 컨디션부터 교통, 날씨, 질병 등에 대한 모든 정보를 분석하여 신속하게 대처할 수 있게 됨으로써 사회의 효율이 극단적으로 높아진다. 기업도 공급망에 대한 효과적인 관리는 물론, 고객 개인개인에 대한 정확한 이해를 통해, 개별화된 마케팅을 전달할 수 있어 효율적 경영이 가능해진다. 무엇보다 이렇게 쌓인 풍부한 정보를 통해 컴퓨터가 인간을 분석하고 이해할 수 있게 되면서 인공지능이 현실화될 가능성이 높다. 최근 컴퓨터를 통한 자동번역이 급발전하고 있는데, 이는 인터넷상에 다양한 사람이 번역해 놓은 문서들이 쌓이면서 이를 컴퓨터가 참고할 수 있게 되었기 때문이다. 동시에 기계적 기능과 전기화와 결합하여 자동화된 로보틱스가 크게 성장할 것이다. 예를 들어 전투기는 이미 무인화가 상당히 진행되어 있고, 최근에는 무인자동차, 무인택배항공기 등이 선을 보이고 있다. 이는 사회의 효율성을 크게 높이는 동시에, 저부가가치 직업을 대체함으로써 사회 전체에 큰 파장을 가져올 가능성이 높다.

세 번째는 바이오테크놀로지다. 의학 발달이 정보기술과 결합하면서 기존에는 가능하지 않았던 사람의 신체작용과 질병을 빠르게 이해하고 있다. 개개인의 유전자를 분석해 수명과 질병 발생가능성을 알아내고, 이에 맞는 맞춤형 처방을 제공할 수 있게 되면서 관련 시장이 급성장할 것이다. 암(癌)의 경우, 과거에는 폐, 위, 간과 같은 발생 부위를 기준으로 하여 처방과 치료가 이루어졌으나, 최근에는 특정 유전자 때문에 생기는 질병으로 이해하고, 부위보다는 유전자를 기준으로 항암제가 개발되고 처방되고 있다. 수명 증가와 함께, 과거 발생빈도가 높은 질병을 우선적으로 통합 치료하던 기존의 의학에서 개인화된 치료로 넘어가면서 늘어나는 의료비용과 관련한 다양한 이슈와 해법이 등장할 것이다.

네 번째는 나노기술이다. 다양한 소재들을 분자 단위, 심지어 원자 단위에서 조작하는 것이 가능해지면서 소재의 성능과 용도에 근본적인 변화가 이루어질 가능성이 높다. 지금까지 제품을 만들던 방식이 크게 변화하면서 새로운 사업모델이 등장할 것이다.

다섯 번째는 소셜미디어다. 지금부터의 세대가 이전 세대와 비교하여 갖는 차이점은 개개인의 출생부터 사망까지의 모든 정보가 기록된다는 점도 있지만, 가장 큰 것은 가상의 공간상에서 사회활동의 상당부분이 이루어진다는 점이다. 이는 개개인의 정체성에 근본적인 변화를 가져오게 될 것이고, 생활과 소비 패턴에도 큰 변화를 가져올 것이다. 단기적으로는 인터넷상에서 소비되는 시간들을 어떻게 자극해서 새로운 소비를 만들어낼 것이냐는 데부터 다양한 사업모델들이 생겨나고 있고, 장기적으로는 대부분의 사회활동이 인터넷 상으로 옮겨가면서 생기는 변화를 이끌어 내는 다양한 서비스와 상품이 등장할 것이다.

트렌드를 바탕으로 어떻게 사업기회를 탐색할 것인가?

지금까지 예시적으로 가장 큰 수준의 대표적 트렌드를 살펴보았다. 여기서 제시한 트렌드 외에도 수많은 자료나 서적에서 글로벌, 또는 국가, 또는 산업에 대한 트렌드들을 다루고 있다. 물론 이 트렌드에서 바로 떠올릴 수 있는 기회도 있을 것이다. 하지만 그렇게 찾아지는 기회라면 이미 많은 다른 기업도 알고 있을 가능성이 높다. 트렌드 자체의 이해보다 더 중요한 것은 트렌드를 바탕으로 아직 남들이 발견하지 못했거나 놓치고 있는, 숨어 있는 신사업 기회를 찾아내는 것이다. 이를 위해서는 트렌드 하나로 끝나는 것이 아니고, 이러한 트렌드가 실제로 해당하는 산업에 구체적으로 어떻게 영향을 미칠 것인지를 종합적이면서도 세밀한 관점에서 그려야 한다. 이를 바탕으로 생겨날 변화를 전체 가치사슬을 따라 꼼꼼히 정리해보면, 시장이 놓치고 있는 기회를 잡아낼 수 있을 것이다. 트렌드에 대한 이해를 통해 정해야 할 것은 구체적 기회가 아니고, 다음 단계에 분석할 영역을 골라내는 것이다. 여러 트렌드를 종합적으로 이해해서, 어떤 산업에서 기회를 찾아낼 것인지를 일차적으로 의사결정해야 한다. 가장 기본적인 방법은 이러한 메가 트렌드들이 내가 속한 산업에, 또는 내가 지금까지 검토해오던 산업에 어떠한 영향을 미치는지부터 시작하는 것이다. 그러면 다음 장에서는 한 산업을 골라 신사업기회를 찾아내기 위한 보다 구체적인 분석을 진행해보도록 하겠다.

11

트렌드를 기반으로 시장의 가치사슬을
종합적이고 상세하게 분석하라

이 장에서는 에너지 산업을 예로 들어 살펴보려고 한다. 에너지 산업은 앞서 살펴보았던 전 세계에 성장을 가져올 8대 트렌드 중 네 번째 드렌드에 직접적으로 연관이 있다. 에너지 산업은 지속적인 수요 증가와 더불어 최근 셰일가스 발굴 등 큰 변화를 맞이하고 있다. 에너지 산업의 트렌드를 모두 파악하고, 사업기회를 찾아보는 것만으로도 책 한 권이 부족할 정도로 많은 연구가 필요하지만, 여기서는 하나의 예로서 큰 그림에서의 중요한 트렌드만을 바탕으로 논의를 진행해 보도록 하겠다.

에너지 산업에서의 주요 변화

에너지 산업의 변화는 수요 성장에서 시작되었다. 개발도상국 경제가 성장함에 따라 에너지 수요는 지속적으로 증가할 것으로 전망되고 있다. 2000년대 들어 급격하게 증가하는 에너지 수요를 충족하기 위해, 육상유전을 중심으로 했던 전통적인 공급원 외에 훨씬 더 개발이 어려운 비전통적 공급원을 본격적으로 개발하기 시작했다. 에너지 회사들이 심해유전, 셰일가스, 오일샌드(Oil sand) 같은 새로운 비전통적 공급원 탐색을 본격화하면서, 이러한 새로운 종류의 유전 개발과 생산을 위한 새로운 기술과 서비스가 필요하게 되었다. 심해유전 시추선, FPSO와 같은 심해유전 생산설비, 크랙킹(cracking)이라 불리는 새로운 셰일가스 생산기술 등이 개발되었고, 이러한 기술을 다루는 전문 운영업체가 등장했다. 2000년대 중반 들어 유가가 급격하게 상승하자, 이에 매력을 느낀 많은 업체들이 비전통적 공급원을 개발하는 시장에 뛰어들었고, 경쟁이 심화되었다. 그 결과, 원래 매우 비싸고 어렵던 비전통적 공급원, 특히 심해유전과 셰일가스로부터 원유와 가스를 생산하는 기술에 혁신이 가속화되었다*. 특히 주목할 것은 가스다. 천연가스는 영하 162도 이하로 냉각해야만 액화가 가능하기 때문에 생산과 운송에 제약이 있어, 세계 최대의 천연가스 생산국인 러시아로부터 파이프라인이 닿을 수 있는 유럽을 제외하면 에너지 수요가 큰 수입국가인 일본, 한국, 대만 정도만이 이용해 왔었다. 하지만 유가가 상승함에 따라 가격에서 메리트가 생겼고, 셰일가스가 본격적으로 생산되면서 많은 국가들이 새롭게 천연가스 사용에 관심을 갖게 되었다. 원래 가스와 석유는 용도에 차이가 있었다. 석유는 대부분 운송수단인 자동차, 비행기, 선박 등의 연료와 석유화학산업의 원료로 이용되는 반면, 가스는 석탄과 함께 주로 화력발전소와 난방용으로 사용되어 왔다. 하지만 유가와 가스 가격 간의 괴리가 커지면서, 최근에는 가스가 석유를 대체해 나가기 시작하고 있다. 예를 들어 석유화학산업은 원유를 정제하여 만드는 나프타(Naphta)를 원료로 하여 플라스틱, 합성섬유 등 다양한 제품을 생산하는데, 최근에는 조금 효율과 용도는 제한되지만 값이 저렴한 천연가스의 주성분, 에탄

(Ethan)이 나프타를 대체하기 시작했다.

　이러한 시장 측면에서의 변화와 함께, 다른 한편에서는 기업 간의 경쟁 구도도 변화하기 시작했다. 원래 에너지 산업은 엑손모빌(ExxonMobil), 쉐브론(Chevron), 브리티쉬 페트롤륨(British Petroleum; BP), 쉘(Shell)과 같은 서구의 오일메이저를 중심으로 한 독립계 석유회사(Independent oil company; 이하 IOC)들이 지배하던 산업이었다. 하지만 산유국들이 자국의 에너지 업체들을 적극적으로 육성하면서 최근에는 산유국의 국영석유회사(National oil company; 이하 NOC)로 주도권이 넘어갔다. 과거 IOC는 오랜 역사와 경험을 바탕으로 에너지 산업의 상류부터 하류** 까지 모두 자체적으로 수행해 오던 통합된 사업모델을 갖고 있었다. 반면 NOC들은 역량이 부족했기 때문에 어쩔 수 없이 전체 가치사슬의 상당부분을 외부 전문업체에 외주를 주는 방식으로 사업모델을 운영할 수밖에 없었다. 최근 성장에 한계를 느낀 IOC는 과거와 같은 가치사슬 전반을 아우르던 다각화되고 통합된 사업모델에서 자신들이 잘할 수 있고 수익의 핵심이 되는 영역에만 집중하는 방향으로 사업모델을 변화시켜 나가고 있다. 이 때문에 전체 에너지 산업에서는 가치사슬의 특정 영역에서 전문성을 가지고 IOC와 NOC를 도와주는 다양한 기업들이 성장할 기회가 생겨나고 있다. 그런데 최근 NOC의 움직임은 여기에서 한 발 더 나아가고 있다. 과거 70년대 오일쇼크가 끝나고, 80년대와 90년대에 유가가 낮아지며 배를 곯아본 NOC는 단순히 자국에서 원유를 파서 수출하는 모델로는 원하는 만큼의 주도권을 가져가는 데에 한계가 있다는 사실을 깨달았다. 2000년대 들어 다시 유가가 상승하면서 큰 돈을 만지게 된 NOC는 이제는 스스로 석유정제와 석유화학산업까지 진입하는 방향, 즉 과거 IOC와 유사한 통합모델을 추구하고 있다. 이렇게 되자, 전 세계의 에너지 흐름에 변화가 생겼다. 즉, 과거에는 중동에서 원유가 생산되면 이를 초대형 원유 유조선(Very large crude carrier; VLCC)로 미국, 일본, 한국과 같은 수요국가로 옮겨서 그 지역의 정

---

*셰일가스는 셰일, 즉 진흙이 굳어져 만들어 진 이암(泥岩)층에 흡착되어 넓고 얇게 분포하는 천연가스다. 원래는 한군데에 모여있는 일반 가스전보다 생산량이 적어 경제성이 낮아 관심을 받지 못하고 있었다가 2000년대 들어 비전통적 공급원에 관심이 높아지면서 개발이 본격화되었다. 특기할 점은, 다른 비전통적 공급원인 심해유전의 경우, 초기 투자비만 해도 수조 원이 필요했기 때문에 기존 대형 오일메이저들이 개발을 주도했지만, 셰일가스는 채굴권만 확보하면 아주 적은 돈으로도 개발이 가능했기 때문에, 수많은 벤처기업들이 뛰어들면서 다양한 아이디어들이 시도되었고, 놀랄 만큼 빠른 혁신이 이루어지면서 생산단가가 기존 가스전보다도 낮은 수준으로 떨어질 수 있었다. 최근 가장 일반적으로 사용되는 방법은 이암층을 따라 수평으로 구멍을 뚫고 폭발을 시켜 이암층을 넓게 깨뜨린 다음(수평굴착; horizontal drilling), 화학물질과 물을 강한 압력으로 주입하여 흡착되어있던 가스를 분리시킨 후(수압파쇄; Hydraulic fracturing) 깨진 금을 따라 새어 나오게 만드는 것이다. 셰일가스는 이암층이 존재하는 상당수의 지역에서 발견되기 때문에 잠재 매장량은 기존 전통적 가스전의 매장량 이상인 것으로 파악되고 있어 큰 폭발력을 갖고 있다. 최근에는 유사한 방식으로 존재하는 석유인 타이트오일까지 혁신이 이어지면서 기존의 석유/가스의 매장량에 대한 시각이 근본적으로 변화하기 시작했다.

상류(upstream)는 원유와 가스의 생산하는 사업, 중류(midstream)는 원유의 운송과 매매사업, 하류(downstream)는 원유를 정제/가공하는 석유화학사업을 말한다.

유공장과 석유화학공장에서 가공했지만, 이제는 중동 국가들이 직접 자국 내 정유공장에서 가공을 하고 나서, 부가가치를 높여 수출하는 방식을 추구하고 있는 것이다. 이와 함께, 심해유전과 가스 개발로, 기존의 산유국이 아닌 서아프리카의 나이지리아, 호주, 브라질 등과 같은 새로운 수출국가들이 생겨나게 되었고, 반대로 개발도상국이 적극적으로 에너지를 수입하게 되었다. 단적으로 한때 세계 최대의 가스 수출국이면서 석유수출국기구(OPEC) 회원이었던 인도네시아는 엄청난 양의 에너지 수입국이 되었다. 여기에 더해 셰일가스와 타이트오일 혁신이 먼저 이루어진 미국이 에너지 수입국에서 수출국으로 변신하면서 전 세계 에너지 물류 자체가 근본적으로 변화했다.

에너지 산업의 10대 주요 변화

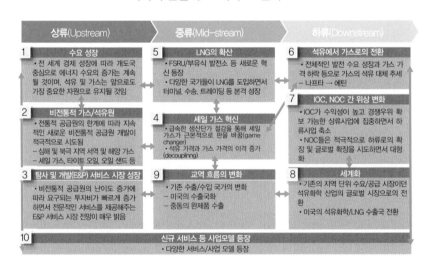

7조 달러(약 8,000조 원)가 넘는 규모로서 세계에서 가장 큰 산업 중 하나인 에너지 산업은 이렇게 큰 변화를 겪고 있고, 이 안에서 무수한 사업기회들이 생겨나고 있다. 이런 변화에서 사업기회를 찾기 위해서는 다양한 트렌드 간의 상관관계를 이해하고, 하나의 트렌드가 만드는 다양한 영향을 종합적으로 고려하여, 전체 산업을 큰 그림을 보는 시각에서 이해해야 한다. 다음은 크게 10가지 대표적 변화를 골라 정리해본 것인데, 화살표로 표시된 것처럼 각 변화들은 서로 밀접하게 상관관계를 맺고 있다. 그럼 이런 순차적인 영향을 이해해서 어떻게 사업기회를 찾을 것인지 조금 더 살펴보자.

겉에 보이는 결과가 아닌
순차적으로 이어지는 영향을 끝까지 파헤쳐야

에너지 산업이 크게 성장하면서 변화할 것이라는 것은 한국 기업에게도 이미 많이 알려진 사실이었다. 2000년대 중반부터 한국의 많은 기업이 대기업, 중소기업 할 것 없이 너도 나도 에너지 산업에 뛰어들었다. 하지만 대부분은 안타깝게도 겉으로 드러난 트렌드에 집중했다. 즉, 에너지 수요가 늘어나면 유가가 상승하고, 새로운 비전통 에너지원의 가치가 높아질 것이라는 일차적 트렌드에만 집중한 것이다. 그 결과, 대부분의 투자는 해외 유전과 가스전에 집중되었다. 몇몇 기업들은 성과를 거두기도 했지만, 지금 시점에서 돌이켜보면, 전 세계에서 가장 큰 산업에 대한 투자 붐이 불었던 것 치고는 기억에 남거나 주목할 만한 성공사례가 별로 없다.

그럼 트렌드들을 어떻게 순서대로 따라가면서 이해하면 될지, 그리고 이를 가지고 어떤 사업기회들을 고려할 수 있을지, 앞에 정리했던 10가지 대표적 변화를 바탕으로 생각해 보자.

10가지 주요 변화에 따른 사업 기회 예시

순서	주요 변화	내용	사업기회
일차적 영향	(1) 수요성장	에너지 수요 증가로 에너지 사업 성장	-에너지 기업인수(석유공사의 영국 다나 [Dana Petroleum] 인수) -유전 투자(SK 베트남 유전 지분투자) -태양광, 풍력 등의 대체에너지 사업 투자(한화의 태양광 사업 진입)
	(2) 비전통적 가스/ 석유원 / (4) 셰일 혁신	심해유전, 셰일가스와 같은 새로운 비전통 에너지원 개발 증가	-비전통 유전/가스전 투자 (에이티넘 인베스트먼트의 미국 셰일가스전 지분투자)
	(6) 석유 → 가스	가스가 석유를 대체하면서 본격적으로 성장 시작	-가스전 투자 -나프타분해공장을 대체하는 에탄분해공장(롯데 케미칼의 우크라이나 수르길 프로젝트)
이차적 영향	(3) E&P 서비스 시장 성장	새로운 유전개발 증가에 따라 유전개발에 투입되는 장비/서비스 시장 성장	-장비 투자(삼성중공업의 드릴십, FPSO 시장 진입) -서비스 투자(시드릴의 심해시추사업 진입)
	(7) IOC, NOC 위상변화	IOC는 상류사업 집중하면서 하류사업 매각하고 NOC는 상류에서 중류, 하류로 확장	-IOC가 매각하는 하류사업 인수(오일메이저가 매각하는 유럽 정유공장 인수) -NOC가 확장하는 하류사업 기술력 바탕 참여 (태국의 PTT가 인도네시아의 퍼타미나[Pertamina]의 인도네시아 최초 나프타 공장 JV 참여)

	(5) LNG 확산	가스 확산의 기반인 LNG 설비 본격화	-LNG터미널(STX의 멕시코 LNG 터미널 프로젝트) -LNG 해운 -LNG 트레이딩
	(8) 세계화	지역 기반으로 이루어지던 석유화학산업이 글로벌 시장으로 전환	-석유화학제품 트레이딩 -미국 내 셰일가스 기반 에탄분해공장 투자
삼차적 영향	(1) 수요성장	원유 가격의 급등	-석유발전의 쇠퇴(산유국인 UAE, 사우디아라비아에서 석유 발전 대신 원자력이나 LNG 발전 투자)
	(9)교역흐름 변화	수출국과 수입국 구조가 변화하고, 운반되는 상품이 변화	-원유 탱커를 대체하는 석유화학제품용 대형 탱커 해운 -새로운 물류흐름에 맞춘 원유/가스 저장시설 -TPP를 이용한 미국 셰일가스 기반 중남미 가스발전
	(10) 신규 서비스 등 사업모델 등장	에너지 산업의 트렌드를 보조하고 가속화할 수 있는 새로운 사업모델 발굴	-LNG도입을 가속화하기 위한 FSRU 등 신형 선박 개발 -IOC/NOC를 도와 다양한 원스톱 서비스를 전개하는 새로운 외주사업모델 -20년 이상된 천해 유전 설비의 해체 서비스(올시즈)

우선 생각할 수 있는 변화는 당연히 에너지 수요 증가와 이에 따른 추가 공급원 발굴이다. 셰일가스로 성장하는 천연가스 역시 일차적 변화로 볼 수 있다. 당연히 이런 변화는 많은 직접 사업기회를 만든다. 새롭게 개발되는 심해유전, 가스전에 대한 다양한 투자기회가 생겨난다. 실제로 한국의

많은 기업이 이런 기회에 투자했다.

하지만 이러한 일차적 변화로 촉발된 더 다양한 변화가 있다. 우선 셰일 가스 개발로 미국에 값싼 가스가 풍부해지면서, 미국 내에서는 가스를 이용한 다양한 에탄 기반 석유화학산업의 경쟁력이 높아진다. 그리고 심해유전과 셰일가스를 개발하기 위한 새로운 장비와 기술, 서비스들이 필요해진다. 시드릴은 이런 이차적 변화에 집중하여 심해유전에만 초점을 맞춘 시추사업에 투자해서 성공을 거두었다. 삼성중공업은 시드릴과 같은 심해시추 사업자들이 사용할 심해전용 시추선박인 드릴십을 세계최초로 개발하여 이 시장을 독점하면서 큰 수익을 남기고 있다. 또 IOC은 매력적인 상류부문에 집중하면서 많은 하류부문의 사업들을 매각하고자 하고, 반대로 NOC들은 기술은 부족하지만 자국에 하류부문을 육성하고자 한다. 미국의 델타항공은 안정적인 항공유 조달을 위해서 IOC인 코노코필립스(ConocoPhilips)가 매각한 정유공장을 인수했고, 태국의 에너지기업 PTT는 인도네시아의 NOC인 퍼타미나(Pertamina)가 인도네시아 최초로 건설하는 나프타분해공장의 운영을 도와주는 조건으로 합작투자를 진행하고 있다. 또 천연가스가 확산되면서 이를 운송하기 위한 LNG 터미널, 해운사업이 성장한다. 전 세계에서 많은 LNG터미널이 건설되고 있으며, 골라LNG(Golar LNG)와 같은 LNG전문 해운회사들은 최근 적극적으로 LNG선박에 투자하고 있다.

여기에서 한 발 더 나아가서 생각해보면 더 많은 기회가 또 존재한다. 전 세계적으로 기존 물류와는 다른 형태의 물류가 등장하면서 새로운 종류의 중류 사업이 성장한다. 중동에서 아시아로 원유가 아닌 석유화학제품이 운반되어야 하므로, 원유탱커가 아닌 대형 석유화학제품용 탱커가 필요해진다. TPP가 발효되면 미국의 LNG가 값싸게 수출되면서, 가까이 있는 중남미 지역에 가스발전소가 활성화될 수 있다. 카타르가 아닌 미국에서 LNG가 수출되면 지금까지 중간기착지 역할을 했던 싱가폴이 아닌 극동지역에 중간기착지가 필요할 것이고, 한국이나 일본에 LNG 저장시설이 생길 수도 있다.

또 유가 상승 때문에 생겨난 변화 중 하나가 산유국의 발전구조 변화다. 사우디아라비아는 전체 원유 생산량 중에 10% 이상을 자국 내 발전을 위해 사용해 왔었다. 하지만 급격하게 올라간 유가 때문에 산유국들이 자국의 발전소를 원자력이나 LNG발전으로 대체하고, 대신 지금 사용하는 원유를 수출하는 방향으로 전환하고 있다. UAE가 한국으로부터 원자력발전 기술을 구매하기로 결정한 이유다.

앞에서 살펴본 전 세계 8대 트렌드 중 '에너지 수요 성장과 새로운 비전통 에너지원 성장'이라는 트렌드 하나가 만들어내는 변화는 이렇게 다양하면서도 복합적이다. 일차적 변화에서 도출할 수 있는 사업기회에 비해, 이차적인 변화, 삼차적인 변화로 갈수록 다양하고 구체적인 아이디어들이 가능하다. 그것은 시장이 변하는 것을 기다리는 것이 아닌, 내가 시장의 변화를 선도할 수 있는 아이디어 이기도 하다. 그럴수록 당연하게도 경쟁은 덜 치열하고, 매력도는 높아진다.

아마도 에너지 시장에서의 변화를 가장 적극적으로 파헤쳐 능동적인 사업모델을 만든 예로 LNG 해운회사인 골라LNG(Golar LNG)와 건설회사인 페트로팩(Petrofac)을 들 수 있다.

우선 골라LNG는 시드릴에 이어 존 프레드릭센이 또 다른 신사업으로 추진하고 있는 해운회사다. 골라 LNG는 단순히 LNG운반선에 투자만 하는 것이 아니라, 적극적으로 아직 LNG를 사용하지 않고 있는 국가들이 LNG를 쉽게 도입할 수 있도록 돕는 다양한 사업을 전개하고 있다. LNG는 기체 상태에서는 부피가 너무 크기 때문에, 천연가스를 영하 163도로 냉각하여 액화시킨 후, 냉각/보냉 설비를 갖춘 전용 선박인 LNG운반선을 이용해서 운송해야 한다. 그리고 도착하면 천천히 온도를 올려 다시 기체로 바꾸어 사용하게 된다. 따라서 LNG를 수출하거나 수입하려면 LNG를 액화, 기화하는 공장인 LNG터미널이 필요한데, 이를 위해서는 수조 원의 자본투자가 선행되어야 한다. 이러한 대규모의 투자는 아직 LNG를 사용하지 않고 있는 국가들이 LNG도입을 주저하게 하는 주요한 원인이 되고 있다. 골라 LNG는 이러한 문제를 해결하기 위해서 FSRU(Floating Storage and regasification unit)라는 새로운 아이디어를 만들어냈다. FSRU는 간단히 설명하면 배 위에 LNG기화터미널을 지은 것으로서 떠 있는 터미널로 이해할 수 있다. 골라 LNG는 자신이 보유하고 있던 구형 LNG운반선에 기화 설비를 붙여 FSRU로 개조한 후에, 이를 LNG도입을 희망하는 국가에 대여해주는 사업을 시작했다. LNG도입을 희망하는 국가는 초기에 대규모 자본투자를 하는 것이 아니고, 해마다 FSRU선박 이용료를 골라LNG에 지불함으로써 투자부담과 위험이 줄어들게 된다. 여기에 더해, 최근에는 심지어 LNG터미널뿐 아니라 LNG 발전소까지 선박 위에 지어서 임대하는 사업까지도 검토하고 있다. 그뿐 아니다. 반대로 가스의 생산선박인 FLNG(Floating LNG)에도 적극적으로 투자하고 있다. 이 세상 모든 유전에는 비율은 서로 달라도 가스와 석유가 섞여 있다. 처음부터 액체로 생산되는 석유와는 달리 가스는 액화가 필요하기 때문에, 지금까지는 어쩔 수 없이 석유만 생산하고, 남는 가스는 태워버리거나 다시 바다 밑 유전 속으로 집어넣었다. 하지만 골라 LNG는 FSRU와는 반대 역할을 하는 액화 LNG터미널을 배 위에 지음으로써 앞으로는 해양유전에서도 가스 생산이 가능하도록 하려고 한다. 특히 이미 시추가 끝나고 석유생산이 이루어진 유전들의 경우, 가스는 버려지던 것이었다. 여기에 FLNG가 투입될 경우, 추가적인 비용부담은 거의 없이 가스 생산이 이루어지는 것이기 때문에 생산단가가 매우 낮아지는 매력이 있다. 이렇게 골라LNG는 가스 확산과 LNG 확산이라는 트렌드를 이용하여, 자신만의 새로운 사업기회를 발굴해내면서 빠르게 성장하고 있다.

(왼쪽 위부터 시계방향으로)
LNG터미널, FLNG,
해상 LNG발전소,
FSRU와 LNG 운반선

페트로팩은 IOC와 NOC의 사업모델 변화를 이용하여 자신만의 사업모델을 만들어 낸 건설회사다. 앞서 설명했던 것처럼 과거 IOC들은 모든 가치사슬을 자신이 직접 수행하는 통합 사업모델을 갖고 있었다. 하지만 IOC들이 점차 상류 부문에 집중하게 되면서 IOC들은 과거와는 달리 상류 부문의 핵심사업영역을 제외한 많은 부문을 외주에 맡기고자 하였다. 페트로팩은 이러한 니즈를 파악하고 재빠르게 사업모델을 확장했다. 원래 페트로팩은 석유화학공장, 원유생산공장의 건설만을 담당하던 건설회사였다. 하지만 고객인 IOC들이 점차 유전의 탐색과 개발이라는 상류 부문에만 집중하고 싶어 하고, 나머지 것들에서는 관심을 덜 쓰기를 원한다는 것을 알고, 아예 공장의 설계, 건설뿐 아니라 사후 운영과 관리까지 한꺼번에 제공하는 원스톱솔루션 사업모델로 변신했다. IOC 입장에서는 유전을 찾아놓기만 하면, 페트로팩이 와서 공장을 짓고 생산하는 모든 과정을 맡아서 해주고, 이를 정제할 때도 알아서 공장을 짓고 운영해주니 전혀 신경쓸 일이 없어 매우 편리했다. 이렇게 역량을 축적하고 나자, NOC들도 페트로팩을 찾게 되었다. NOC의 경우, 과거에는 기술과 역량이 부족하여 유전을 보유만 하고 있고 IOC에게 합작 형태로 모든 실제 업무를 맡겼으나, 점점 더 자신의 몫을 늘리고 싶어 했다. 그런 NOC에게 IOC를 대신하여 생산설비 건설뿐 아니라 운영까지 모두 해결해주는 페트로팩은 매우 매력적이었다.

가치사슬에 대한 입체적인 확인이 필요

최근 한국의 건설업체들이 모두 심각한 적자에 시달리고 있다. 불과 몇 년 전만 해도 중동의 건설특수 이야기가 나오면서 업황이 매우 좋은 것처럼 보였었는데 말이다. 놀랍게도 최근 대규모 적자의 가장 큰 원인은 바로 중동에서의 플랜트공사 때문이다. 앞서 설명했던 것처럼 중동 국가들은 단순히 원유를 판매하던 데서 벗어나 자국에 석유정제공장을 짓고 이를 통해 부가가치를 높인 상품을 판매하고자 한다. 따라서 2000년대 들어 중동에는 석유화학 플랜트 건설붐이 불었다. 그러자 한국의 건설업체들은 앞다투어 입찰에 뛰어들었다. 하지만 단순한 건설공사만으로는 차별화가

페트로팩 경영성과

매출 및 영업이익률

(백만달러)

영업이익률

주가추이
(2005년 10월 4일 = 100%)

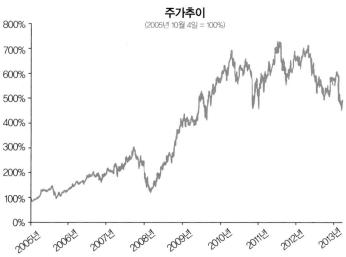

불가능했고, 가격경쟁으로 이어졌다. 여기에 더해 중동의 건설붐 때문에 현지에서 조달해야 하는 건설자재, 장비와 인력의 품귀 현상이 이어지자 공사비가 예상보다 크게 늘어나게 되었다. 그 결과, 공사를 따냈지만, 결국 공사가 끝나고 나면 비용이 더 많이 들어 적자가 되는 상황이 된 것이다.

같은 에너지 산업의 변화라는 큰 트렌드를 활용한 접근임에도 불구하고, 한국의 건설업체들과 페트로팩이 보여주는 차이는 매우 상징적이다. 한국 건설업체들의 실패는 트렌드에 단편적이고 일차적인 시각으로 접근하는 신사업 찾기의 위험성을 잘 보여준다. 반대로 트렌드가 가져올 변화를 입체적으로 해석하면서 자신만의 기회를 찾는 데 집중한 페트로팩은 큰 성공을 거두었다. 트렌드를 통한 사업기회 발굴은 큰 변화가 산업 전체로 파생되면서 생성되는 다양한 영향과 결과를 종합적으로 이해하여야 한다. 그리고 무엇보다도 남들과 차별화된 기회 발견에 초점을 맞춰야 한다.

이러한 변화를 파헤쳐 나가기 위해서는 가치사슬을 처음에서부터 끝까지 생각해보는 것이 중요하다. 시장의 트렌드가 만들어내는 변화가 가치사슬의 어디에서 시작하는지를 생각하고, 이러한 변화가 가치사슬을 따라서 어떻게 확산되어 나갈지를 검토해야 한다. 예를 들어 셰일가스를 생각해보자. 가스 수요와 셰일가스 채굴기술 발전으로 셰일 생산이 본격화되면 가장 먼저 영향을 받는 부분은 가치사슬의 가장 앞에 있는 셰일가스전을 보유하고 개발하는 상류 부문의 에너지 업체다. 그 다음은 이들에게 서비스를 제공하는 업체로 영향이 확산된다. 시추서비스, 생산설비 등이 이에 해당한다. 이렇게 생산이 이루어지고 나면 다음엔 중류 부문이다. 셰일가스가 생산되면 이를 생산지에서 소비지까지 연결하는 파이프라인, 가스를 외국에 수출하기 위한 액화 LNG터미널, LNG운반선 등이 필요해지고,

수입국에서는 기화 LNG터미널과 LNG저장시설이 필요하다. 그 다음은 하류다. LNG를 수입하여 가스발전소를 건설하게 되고, 기존의 나프타를 분해하던 석유화학공장이 천연가스 중 에탄을 분해하는 공장으로 대체된다. 이런 흐름을 분석하는 과정에서의 핵심은 수요/공급이다. 베인에서 수행했던 많은 신사업 프로젝트의 결과에 따르면, 이렇게 여러 단계를 거쳐서 트렌드의 영향이 확산되는 과정에서, 각 단계에 존재하는 사업별로 영향을 해석하는 관점에 차이가 발생한다. 보통은 가치사슬상 트렌드로부터 가까이 있고, 직접 영향을 받는 쪽은 예상되는 결과를 상대적으로 과대평가하는 경향이 있고, 가치사슬상 멀리 있으면서 간접 영향을 받는 쪽의 사업들은 결과를 상대적으로 과소평가하여 예상하는 경우가 많다. 가치사슬에서 이런 차이를 꼼꼼히 비교해보면 기회가 보인다.

최근 미국에서는 셰일가스와 타이트오일의 영향을 받은 기업들이 여럿 있는데, 그중에 눈에 띄는 기업이 워렌 버핏의 버크셔 헤더웨이(Berkshire Hathaway)가 인수한 벌링턴 노던 산타페(Berlington Northern Santa Fe Railway; 이하 BNSF)라는 철도회사다. 2009년 워렌 버핏이 인수를 발표했을 때, 많은 사람들이 그 이유를 궁금해했다. 셰일가스와 타이트오일의 생산이 본격화되자, 사람들은 BNSF를 다시 보기 시작했다. BNSF는 미국의 셰일가스와 타이트오일 산지 중에서 가장 전망이 좋은 배켄(Bakken) 분지를 지나는 노선을 갖고 있는 두 철도 회사 중 하나다. 최근 들어 배켄 분지에서 가스와 석유가 본격 생산되면서, BNSF는 이를 운반하는 핵심운송업체가 되었다. 이런 기회야말로 가치사슬을 체계적으로 이해하고, 이에 대한 수요/공급을 논리적으로 분석야만 발견될 수 있는 것이다. BNSF는 워렌 버핏이 탁월한 컨트라리언임을 보여주는 좋은 예다.

자, 그러면 어떻게 워렌 버핏과 같이 컨트라리언적으로 사업기회를 발굴할 수 있을지 정리해보자. 컨트라리언적인 접근방법으로 사업기회를 발굴하는 것은 다른 방법과 마찬가지로 트렌드에 대한 이해에서 출발한다. 중요한 것은 트렌드가 만들어내는 영향을, 전체 산업의 가치사슬을 펼쳐놓고, 끝에서부터 끝까지 완결된 형태로 이해하는 것이다. 그렇게 전체 산업의 변화를 이해하고 나면, 가치사슬을 하나씩 따라가면서 생겨나는 변화들을 상세하게 정리해야 한다. 마지막으로는 커다란 변화가 야기하는 가치사슬 내 모든 작은 변화에 대한 수요/공급이 서로 앞뒤가 맞을 수 있도록 맞춰본다. 대부분, 가치사슬의 앞단에서 생각하는 수요/공급 변화와 뒷단에서 생각하는 수요/공급 변화 간에 격차가 존재할 것이다. 이러한 격차를 제대로 이해하고, 논리적으로 어떤 쪽에서 잘못 이해하고 있는지를 분석하면, 당신은 컨트라리안으로서 산업을 바라볼 수 있다. 그리고 당신은 남들과 다른 시각으로, 남들이 아직 발견하지 못한 기회를 발견할 수 있을 것이다.

12

산업의 문제점을 해결할
방법을 찾아라

11장에서는 시장에서 이미 존재하는 트렌드에서 생겨나는 기회를 어떻게 남들과 차별화된 시각으로 발견할 수 있느냐는, 어찌 보면 수동적 차원에서 신사업발굴을 논했었다면, 12장에서는 보다 적극적이고 능동적인 차원의 신사업발굴, 즉 어떻게 내가 속한 시장과 산업에서 진화의 트렌드를 만들어 내고 이를 통해 새로운 기회를 열 수 있겠느냐는 차원의 논의를 해보자. 그러기 위해서 가장 중요한 것은 지금 이 산업이 안고 있는 문제점을 찾아내는 것이다. '도대체 이 산업의 문제점을 어떻게 찾아낼 것인가'를 논의하자고 하면 대부분 고객을 많이 이야기한다. 고객이 갖고 있으며 해결되지 못한 문제점을 해결하는 새로운 기술과 제품을 만들어내는 것은 더없이 좋은 방법임에는 분명하다. 하지만 이 책에서 논의하고자 하는 것은 이런 창의적인 혁신방법론이 아니다. 또한 여기서 논의하고자 하는 것은 모든 산업에 적용할 수 있는 유일한 정답도 아니다. 다만 기존의 성공적인 사업들을 살펴보면서, 기존 산업을 개선시킬 수 있는, 조금은 덜 창의적이지만 공통적으로 적용할 수 있는 방법론을 찾아보는 데 목적이 있다.

앞서 8대 트렌드를 살펴보았지만, 트렌드라는 것은 다른 관점에서도 생각해 볼 수 있다. '문제점을 해결하기 위한 산업의 진화'라는 관점에도 명확한 트렌드가 존재한다. 산업의 진화라는 건 크게 두 가지 방향에서 이해할 수 있다. 하나는 더 나은 제품과 서비스를 제공하는 방향의 진화다. 기술 발전이 이루어지고 창의적인 혁신가가 고객에게 더 나은 가치를 주는, 완전히 새로운 제품을 선보이고 이를 통해 새로운 수요가 생겨나는 것은 가장 중요한 산업의 진화다. 하지만 이것이 전부가 아니다. 동시에 더 효율적으로 산업을 움직이는 방향의 진화도 존재한다. 같은 제품과 서비스라도 더욱 효율적으로 생산하고 고객에게 전달하는 것은 또 하나의 중요한 진화다. 여기서 다루고자 하는 것은 주로 두 번째의 진화와 관련이 있다. 첫 번째의 진화를 통해 생겨나는 사업기회는 분명 매혹적이고, 제대로 찾아낼 수만 있다면 완전히 새로운 시장을 창조해내는 기회가 된다. 하지만 기업가(entrepreneur)가 아닌 일반 기업 입장에서는 이런 기회는 찾아내기도 쉽지 않거니와, 아이디어가 발견되었다고 하더라도 실행에 옮기기가 쉽지 않다. 아직 세상에 없는 혁신적인 제품과 아이디어는 고객조사나 분석을 통해 결론을 얻기 어렵고, 대기업 입장에서는 본격적인 투자를 하는 데에 한계가 있다. 하지만 두 번째의 진화를 만들어내는 사업기회는 상대적으로 검증할 수 있는 방법이 있고, 기존의 사업모델들과 비교해서 경쟁우위를 확인할 방법이 어느 정도는 존재한다. 대기업 입장에서 선택을 해야 한다면, 두 번째가 더 현실적인 선택이 될 것이다. 그렇다고 첫 번째 진화의 기회들을 포기하라는 이야기는 절대 아니다. 다만, 순수한 창조의 영역에 있는 사업기회를 만드는 방법은 마치 레오나르도 다 빈치처럼 멋진 명작을 그리려면 어떻게 해야 하는지 설명하려는 것과도 비슷해지기 쉽다*. 물론 현실적인 방법도 있다.

두 번째 진화를 시도하는 가장 현실적인 방법은 내가 속하지 않은 다른 시장에서 어떠한 가능성이 존재하는지를 찾아보는 것이다. 밀러의 카사바를 이용한 저가 맥주가 좋은 예다. 어떤 특정한 시장에서 존재하는 상품이 고객에게 전달하고자 하는 차별화된 속성(value proposition)을 이해하고, 이런 속성이 다른 시장에서도 유효할 수 있는지를 검증해보는 것은 분명히 의미 있는 시도다. 즉 기존 제품이나 서비스보다 더 품질이 좋거나, 더 많은 가치를 줄 수 있거나, 더 저렴한 대안을 제공하고 있는 사례를 찾아보는 것이다.

산업을 진화시키는 방법

이 책에서 초점을 맞추고자 하는 진화라는 트렌드에 대해서 더 살펴보자. 산업과 기업은 모두 제각각의 특성이 있지만, 그 진화는 공통된 방향, 즉 효율을 높이는 방향으로 향한다. 일반적으로 효율을 높여야 한다고 하면 개별 기업으로서 경쟁 기업 대비 효율을 따지기 쉬우나, 사실 많은 사업 기회는 내가 아닌 다른 기업의 효율을 높여줌으로써 전체 산업 차원의 효율을 높이는 데서 온다.

산업 전체의 효율을 높이는 것은 크게 세 가지 방법을 통해서 이루어진다. 첫 번째는 규모의 경제다. 가내수공업 방식의 음식점이 기업화된 프랜차이즈로 운영되는 것이 좋은 예다. 두 번째는 특히 유통을 중심으로 한 가

*물론 창조적인 사업아이디어를 찾아내는 방법에 대해서는 사실 여러 의미있는 시도들이 있어왔다. 김위찬 교수의 『블루 오션 전략』과 거기서 설명하고 있는 '전략캔버스' 접근 방법은 그 중에서 주목할 만한 시도다.

치사슬의 단축이다. 규모의 경제가 이루어지기 전에는 다수의 생산자와 다수의 판매자를 연결하던 여러 단계의 유통이 단순해지고, 심지어 생산자와 판매자가 직접 연결된다. 세 번째는 전문화다. 모든 프로세스를 직접 수행하는 데에서 벗어나 자신만의 차별화가 가능한 영역에만 집중하고, 나머지는 아웃소싱하는 것이다. 상대 쪽에서는 아웃소싱 전문업체가 또 통합을 이루어내면서 효율을 높이게 된다.

이와 동시에 기업 단위의 효율도 생각해 볼 필요가 있다. 기업의 운영효율을 분석하는 데 쓰이는 듀퐁방정식(DuPont equation)을 통해서 이해해보는 것도 의미가 있다. 듀퐁방정식은 투자한 자본에 대한 효율성, 즉 자기자본이익율(ROE; Return On Equity)을 구성하는 요인을 이해하기 위한 것인데, 다음과 같다.

$$\text{자기자본이익율} = \frac{\text{이익}}{\text{매출}} \times \frac{\text{매출}}{\text{자산}} \times \frac{\text{자산}}{\text{자본}} = \text{이익율} \times \text{자산회전율} \times \text{레버리지}$$

투자한 자본의 효율을 결정짓는 것은 우선 같은 규모의 자본을 가지고 얼마나 큰 부채를 얹어서 총 자산을 만들어 냈는지(레버리지), 같은 규모의 자산으로 얼마나 많은 매출을 만들어내고 있는지(자산회전율), 그리고 마지막으로 같은 매출을 가지고 얼마나 높은 이익을 올리고 있는지(이익율)의 세 가지다. 지금 시장에 존재하고 있는 사업모델보다 이 세가지 중에서 한 가지라도 더 높일 수 있거나, 아니면 더 높이는 것을 도와줄 수 있다면 이는 바로 산업의 진화를 이끌어내는 사업기회일 수 있다.

이렇게 산업의 효율을 높이거나 기업 스스로 차별화된 효율성을 가져갈

수 있는 요소들을 종합해 크게 여섯 가지의 진화 모델을 고려해볼 수 있다.

산업 진화의 관점으로 부터 생각해 볼 수 있는 여섯가지 모델

		1.통합	2.비용 구조	3.저투자	4.아웃 소싱	5.가치사 슬단축	6.현금 흐름
산업단위 효율 향상	규모의 경제	X					
	가치사슬 단축					X	
	전문화			X	X		
기업단위 효율 향상	이익률 향상		X				
	효율 향상			X	X		
	재무구조						X

첫 번째는 통합을 통해 효율을 높이는 모델이다

가장 기본적인 진화모델이라고 할 수 있는데, 앞서 살펴보았던 음식점이나, 빵집 등과 같이 아직 체계화가 갖추어지지 않은 가내수공업 형태의 사업들을 통합하여 대량생산에 기반한 산업화된 모델로 바꾸는 것이다. 특히 국가별 경제 발전 상황에 따라 차이가 나는 내수 중심의 산업에서 많은 기회가 존재한다. 한국에서는 다양한 유통업태들이 1990년대 이후 속속 등장하여 유통산업을 선진화시켜 왔는데, 이마트와 같은 할인점, GS25나 패밀리마트와 같은 편의점뿐 아니라, 하이마트와 같은 전자제품 양판점, 올리브영과 같은 드럭스토어 등 매우 다양하다. LVMH 같은 명품 그룹도 이러한 모델로 이해될 수 있으며, 개발도상국에서는 농장이나 목장 같은 사업도 이런 모델로의 진화가 이루어지고 있다.

두 번째는 비용구조 자체를 근본적으로 바꾸는 사업모델이다

이익률은 [매출-비용]을 매출로 나눈 것이다. 매출이 같다고 가정할 때, 이익률이 높다는 것은 곧 비용경쟁력이 높다는 의미와 같다. 즉 같은 상품을 훨씬 낮은 비용으로 생산하는 사업모델을 만들 수 있다면 이는 좋은 사업기회다. 한국의 서양식 음식점을 탈바꿈시킨 것은 코코스나 TGI프라이데이스 같은 패밀리 레스토랑들이었다. 이들은 사우전아일랜드드레싱이 뿌려진 양배추 샐러드와 스프, 그리고 돈까스나 함박스테이크를 파는 경양식 레스토랑이 서양식 음식점의 전부이던 한국에, 본격적인 서양 메뉴를 소개하면서 큰 성공을 거두었다. 그런데 어느 때부터인가 이런 패밀리 레스토랑을 빕스와 같은 스테이크 전문점들이 밀어내고 있다. 스테이크 전문점이 패밀리 레스토랑을 밀어낼 수 있었던 가장 큰 차이는 바로 저비용 사업모델이다. 기존의 패밀리 레스토랑은 이전에는 볼 수 없었던 다양한 메뉴를 가지고 성공을 거두었다. 이를 위해서는 다양한 식자재를 준비하고 있다가, 주문을 받으면 그때 그때 주방에서 조리해야 했기 때문에, 주방이나 바에는 많은 훈련받은 인원이 필요했다. 하지만 스테이크 전문점들은 이를 극단적으로 간소화시켰다. 주문을 받아서 이루어지는 조리는 단순히 고기를 굽는 정도일 뿐이고, 나머지 메뉴들은 샐러드바라는 형태로 사전에 대량으로 만들어 채워두는 방식을 취했다. 그러니 우선 쓰지 않고 버려지는 식자재가 거의 없어졌고, 훨씬 효율적인 이용이 가능해졌다. 주방 업무가 훨씬 단순해지니 주방인력도 훨씬 적은 수로 운영이 가능했다. 심지어 서빙하는 인력도 더 적은 수로 운영이 가능해졌다. 여기에 무조건 인당으로 주문을 제한할 수 있으니 인당 매출이 더 높은 것은 덤이었다. 이런 스테이크 전문점의 비용은 기존 패밀리 레스토랑 대비 30% 이상 낮고, 낮은 비용 덕분에 점포나 메뉴에 더 투자를 할 수 있으니 당연히 기존 사업모델을 밀어낼 수 있었던 것이다.

세 번째는 자산효율화 사업모델이다

자산에는 공장, 생산설비 등과 같은 고정자산과 재고, 매출채권 같은 유동자산이 있다. 이 중에서 유동자산을 최소화하는 데 집중한 것이 앞서 살펴보았던 토요타 생산방식이다. 자라의 경우, 기존 기업들이 당연하게 받아들이던 재고를 최소화하는 데 집중한 사업모델을 새롭게 디자인함으로써 패션사업의 효율성을 근본적으로 재정의했다. 많은 사모펀드들이 기업을 사고팔 때 중요하게 생각하는 것이 바로 자산회전율을 개선할 수 있는가다. 재고나 매출채권 같은 현금화되지 않은 유동자산을 줄이는 것 자체만으로도 자금의 회전을 훨씬 좋게 할 수 있을 뿐 아니라, 고객의 니즈에 맞추어 시장에 훨씬 민감하게 대응할 수 있다. 마찬가지로 고정자산을 줄여서 가져가는 모델 또한 장점이 있다. 이러한 모델은 잘하는 것에만 집중하고 나머지는 아웃소싱하는 것인데, 최근에는 산업을 가리지 않고 매우 중요한 진화의 트렌드가 되었다. 세계 최대의 의류패션업체인 나이키는 제품의 디자인과 마케팅에만 집중하고, 생산은 100% 중국, 한국, 동남아 등지의 전문 생산업체에 위임하고 있으며, 세계 스마트폰 업계를 선도하는 애플 역시 모든 생산을 중국과 대만의 전문업체에게 맡기고 있다. 심지어 생산기술이 중요한 반도체에서조차 세계 2위의 반도체 회사인 퀄컴은 공장 없이, 통신에 특화된 표준을 개발하고, 이를 이용한 반도체를 설계

하는 데만 집중하면서 생산은 TSMC나 삼성전자처럼 생산에 전문화된 기업에 아웃소싱한다. 한국에서 큰 성공을 거둔 미샤, 더페이스샵 등의 브랜드 화장품 역시 유통망과 브랜드만 집중하여 성공을 거둔 사례다. 다만 이러한 전문형 사업모델이 성공을 보장해 주는 것은 아니라는 점을 명확히 인지할 필요가 있다. 남에게 아웃소싱을 많이 할 수 있다는 이야기는 역으로 남들도 쉽게 진입이 가능하다는 이야기다. 기존의 통합적인 사업모델을 가져가는 기업에 대비하여 한두 가지 영역에서 명확한 차별화를 이룰 수 있어야 한다는 전제조건이 붙는다.

네 번째는 아웃소싱 모델이다

세 번째 모델의 기업의 생산을 도와주는 사업이 대표적이다. 화장품의 한국콜마와 코스맥스, 전자제품의 폭스콘(Foxconn), 반도체의 TSMC가 좋은 예다. 이러한 모델은 세 번째 모델의 확산과 맞물려 있는데, 중요한 것은 다수의 아웃소싱을 원하는 고객을 확보함으로써 규모의 경제를 조기에 구축한 이후에, 이들을 붙잡아둘 수 있는 차별화된 경쟁력을 확보하는 것이다. 예를 들어 폭스콘은 아이폰5에 사용된 알루미늄 정밀가공 역량을 확보하는 등, 차별화된 공정기술 개발에 노력하고 있고, 코스맥스는 단순한 제조뿐 아니라 BB크림 같은 신제품 콘셉트를 먼저 개발하여 역으로 화장품 회사에 제안하고 있다. 그런데 이 모델이 반드시 생산전문 업체만을 의미하는 것이 아니다. 최근 정보통신산업에서 가장 중요한 화두 중 하나인 클라우드(cloud)는 기업이 직접 운영하던 서버와 데이터센터 같은 자산을 아웃소싱해 주는 것이다. 앞서 살펴보았던 중국의 설거지 전문업체도 또 다른 좋은 예다. 이렇게 자산을 가볍게 만들어주는 모델은 특히 최근과 같이 스타트업에 관심이 높아지는 상황에서 의미가 크다. 기업 하나를 만드는 데 필요한 투자를 크게 줄일 수 있기 때문인데, 클라우드의 선도주자인 아마존은 한 발 더 나아갔다.

아마존은 다양한 인터넷 및 컴퓨터 서비스를 하기 위해 서버와 스토리지가 필요한 기업을 대신하여 자신이 직접 큰 데이터센터를 짓고, 여기에서 컴퓨팅 파워와 저장공간을 판매하는 클라우드 서비스를 사업화한 최초의 업체 중 하나다. 24시간, 365일 컴퓨팅 파워와 저장공간을 이용할 필요가 없는 개별 기업 입장에서 시간당 비용은 조금 비싸더라도, 하루 몇 시간씩 필요한 만큼만 아마존의 클라우드 데이터센터에 있는 서버와 스토리지의 일부를 사용함으로써 전체 비용 차원에서는 큰 절감을 할 수 있다. 예를 들면 별장 한 채를 직접 사서 가지고 있는 것보다 하루 단위로는 비싸지만 여러 명이 공유하는 콘도 계좌를 구입하여 1년에 며칠 필요할 때만 이용하는 것과 비슷한 개념이다. 그런데 아마존은 특히 막 사업을 시작하는 인터넷 스타트업에 주목했다. 이런 스타트업은 스스로 서버와 스토리지를 구매하고, 이를 관리할 인력을 둘 형편이 안 된다. 아마존은 초기에 작은 용량을 매우 저렴한 가격에 제공하여 이들을 끌어들인다. 그러다가 스타트업이 성장하여 큰 규모의 서버와 스토리지가 필요한 상황이 되면 가격을 올린다. 스타트은 초기투자 없이 컴퓨팅 파워를 이용하다가 나중에는 가격이 조금 비싸더라도 새롭게 서버나 스토리지를 구매하는 것보다는 낫기 때문에 계속 남아서 아마존의 서비스를 이용하게 되므로, 아마존은 초반의 저렴한 비용을 벌충할 수 있다. 어쨌거나 아마존은 전 세계의 인터넷 스타트업* 들이 적은 자금으로 사업을 시작할 수 있게 만들어주는 가장 중요한 역할을 담당하고 있다.

다섯 번째는 가치사슬을 단축하고 더 효율적인 채널을 구축하는 모델이다

아마존, 이베이, 알리바바와 같은 온라인 유통업체는 판매자와 구매자 간의 물리적 한계를 줄여줌으로서 기존의 오프라인 유통업체를 위협하면서 빠르게 성장해가고 있다. 재미있는 것은 의류산업이다. 과거 의류산업은 의류업체들이 직접 디자이너부터 공장까지 모두 통합한 사업모델을 가지고 있었다. 그러다가 중국과 같은 낮은 인건비 국가를 중심으로 한 아웃소싱 모델이 확산되기 시작했다. 그 와중에 이러한 아웃소싱을 효율적으로 도와주는 새로운 모델이 등장했다. 리앤펑(Li & Fung)은 전 세계의 다양한 아웃소싱 공장을 네트워크화 해서 싼 가격에 물건을 제조하기를 원하는 선진국 바이어를 연결시켜 주는 사업으로 빠르게 성장했다. 무언가 자신이 디자인한 물건을 중국의 저렴한 공장을 이용해서 생산하고 싶은데 어떻게 공장을 찾고 커뮤니케이션할지 감이 없는 바이어들과, 중국 내에 공장은 있으나 미국 바이어를 찾기 어려워하는 공장들을 연결해주는 원스톱솔루션을 제공함으로써 편의성을 높인 것이다. 어찌 보면 한국의 종합상사의 역모델과도 같은 모델이다. 이 모델은 중국이 전 세계의 공장역할을 수행하기 시작한 1990년대부터 2000년대까지 급성장했었다. 하지만, 어느 정도 아웃소싱이 일반화되고 나자, 아웃소싱 기업 간에 통합이 이루어지기 시작했고, 규모가 충분히 커진 아웃소싱 기업은 더 이상 리앤펑을 거치지 않고 직접 바이어들과 거래를 시작했고, 리앤펑은 최근 어려움에 빠져 있다. 이는 가치사슬을 단축하는 방향이 궁극적인 진화임을 보여주

---

*심지어 한국의 모바일게임업체들도 상당수가 아마존의 클라우드 서비스를 이용한다.

는 좋은 예다.

여섯 번째는 고객의 현금흐름을 개선해주는 것이다

많은 사업은 초기에 투자가 필요하다. 아웃소싱은 아예 투자를 할 필요가 없게 만드는 방식이지만, 다른 형태로 적은 자본으로 사업을 벌일 수 있도록 해주는 사업도 있다. 대표적인 방식은 중고시장을 활성화시키거나, 파이낸싱과 제품/서비스의 판매를 결합하거나, 리스해주는 것이다. 중고시장은 시장이 성숙할수록 활성화되는 특징이 있다. 예를 들어 차량의 경우, 미국은 중고차 시장이 신차 시장의 세 배가 넘지만, 한국은 두 배 수준이며, 반대로 중국에서는 중고차 시장이 신차 시장의 절반에 불과하다. 최근에는 신차 판매를 활성화하기 위해서라도 많은 자동차 회사가 직접 자사 차량의 중고차 시장을 관리하고 육성하기도 한다. 리스도 좋은 예다. 웅진코웨이는 사람들이 비싼 돈을 내고 사기에는 부담스러워 하는 정수기나 공기청정기를 임대해 주는 사업모델을 통해 크게 성공했다. 한국에서는 컴퓨터, 자동차 등 값비싼 제품만을 대상으로 하지만, 미국에서는 다양한 오피스 집기들까지도 리스로 사용하는 경우가 많다. 여기에서 한 발 더 나아간 방식은 제품에서 소모품을 분리하여 따로 요금을 매기는 방식이다. 예를 들자면, 소니의 가정용 게임기인 플레이스테이션(Playstation)이 있다. 소니는 플레이스테이션 판매로는 적자를 내지만, 이를 구매한 고객들이 플레이스테이션을 즐기기 위해 구입해야 하는 게임 소프트웨어에서 큰 흑자를 내는 방식의 사업모델을 운영한다. 만약 소니가 플레이스테이션 자체에서 흑자를 보고자 한다면, 소비자들은 초기 비용이 높아지기 때문에 구매를 주저할 것이지만, 300달러가 넘는 게임기는 싸게 팔고, 50달러 정도에 불과한 소프트웨어를 조금 더 비싸게 판다면 진입장벽을 낮춤으로써 결과적으로는 더 많은 고객을 확보할 수 있는 것이다. 이런 형태의 현금흐름을 이용한 사업모델은 매우 다양한 산업에서 활용된다. 대표적인 것이 잘 알려진 것이 프린터와 프린터 잉크의 관계지만, 지속적인 소모품을 필요로 하는 대부분의 사업에서는 널리 쓰이고 있다. 포크레인 · 불도저와 같은 건설장비와 소모품, 밀링머신 · 드릴링머신과 같은 공작기계와 절삭유는 좋은 예다.

산업 진화의 여섯 가지 모델

기업 자체의 효율을 높임	① 규모의 경제	통합(consolidation)을 통해 효율을 개선
	② 비용구조 개선	완전히 새로운 비용구조를 도입
	③ 전문화	저부가가치 업무의 아웃소싱을 통해 자산회전율을 높이고, 핵심에 집중하여 차별화
다른 기업의 효율 높임을 도움	④ 아웃소싱	전문화를 시도하는 기업의 아웃소싱을 전담
	⑤ 가치사슬 효율화	여러 단계를 거치는 가치사슬을 단축시켜 산업의 효율 향상
	⑥ 현금흐름 개선	초기 투자를 절감할 수 있는 대안을 제시하여 고객 현금흐름 개선

일반적인 진화의 방향성을 바탕으로 산업을 원점에서 고민해보는 것은 새로운 사업모델을 찾아내기 위한 좋은 시작점이다. 기존 기업들이 당연하

게 받아들이고 있었던 사업모델이 가진 잠재적인 문제점을 찾아내는 데 혹시 여섯 가지 진화요소들이 적용될 가능성은 없는지 완전히 외부적인 시각에서 접근해보자. 좋은 방법 중 하나는 이런 여섯 가지 요소를 기준으로 그냥 임의의 다른 시장 또는 다른 산업과 비교해 보는 것이다. 이를 통해 기존의 사업모델과 차별화된 새로운 사업모델을 발굴할 수 있을 것이다.

구체적인 적용

여기서는 자동차 산업과 반도체 산업을 예로 들어 한번 생각해보자. 자동차 산업은 과거의 진화를 살펴보면서 어떤 기회들이 있었는지를, 반도체 산업은 앞으로의 진화를 생각해보면서 어떤 기회들이 새롭게 등장할 수 있을지를 고려해보자.

자동차 산업은 앞서 살펴본 것과 같은 진화가 이루어진 좋은 예다. 자동차는 19세기 후반 독일에서 발명되었지만, 1902년 세워진 미국의 포드자동차가 컨베이어 벨트를 이용해 대량생산하면서 모델 T를 저렴한 가격에 양산한 것이 분기점이 되어 확산된 것이라고 볼 만하다. 그전까지 전 세계 자동차 시장에는 저마다 소수의 인력이 가내수공업 형태로 차량을 생산해 왔고, 무려 500개가 넘는 자동차 회사가 난립하고 있었다. 하지만 1908년 처음 모델 T가 등장하면서 규모의 경제가 이루어졌고, 포드가 압도적인 비용경쟁력을 바탕으로 시장을 장악하기 시작하자 급격하게 업체 간 통합이 이루어졌다. 이러한 통합을 선도한 소수의 업체가 시장을 주도하기 시작했다. 동시에 자동차 업체들은 생산라인의 효율성을 높이기 위해 3만여 개의 부품 중에서 부가가치가 높지 않은 것을 중심으로 아웃소싱을 늘려가기 시작했다. 이에 따라 자동차 업체의 숫자는 줄어들고 있었지만, 자동차 부품 공급업체의 숫자는 4만여 개까지 늘어났다. 여기에 자동차가 점점 더 복잡해지면서, 자동차 업체가 모든 개발을 단독으로 진행하기에는 어려워졌다. 이렇게 산업이 복잡해지면 당연히 이를 해결하기 위한 진화가 이루어지게 된다. 먼저, 자동차 업체들은 자동차 제품의 경쟁력에 핵심인 엔진과 같은 구동계, 차체를 구성하는 섀시(chassis) 정도에만 집중하면서 다른 부분에 대해서는 외부에 의존하게 되었다. 그러자 각 자동차 영역별로 역량을 가진 공급업체들이 역할을 확대하면서 부품의 가치사슬을 단축시키기 시작했다. 즉, 3만여 개의 부품을 자동차 업체들이 모두 직접 구매하는 것이 아니고, 전기장비, 기어박스 등과 같이 여러 개의 부품을 일차적으로 조립한 모듈을 만들어서 이를 자동차 업체에 공급하면, 자동차 업체는 간단히 조립만 하면 되는 방식으로 생산이 이루어지게 되었다. 그러면서 자동차 업체와 직접 거래하는 1차 공급업체, 1차 공급업체에 부품을 공급하는 2차, 3차 공급업체로 구분이 이루어졌다. 이와 함께, 4만여 개에 이르던 부품업체 간에도 통폐합이 이루어지게 되었다. 현재 전 세계에는 과거의 1/8 수준인 약 5,000여 개의 부품업체가 존재하고 있으며, 앞으로 이는 더욱 줄어들어 2~3,000개 정도가 될 것으로 예상되고 있다. 동시에 1차 공급업체들은 자신의 역할을 더욱 늘려나가기 시작하고 있다. 예를 들어 독일의 대표적인 업체인 보쉬(Bosche)는 디젤엔진에 대한 핵심 기술을 도맡아 개발하고 있으며, 트랜스미션의 경우에도 현대차, 벤츠 등 극소수의 업체를 제외하면 ZF, 아이신 등 소수의 1차 공급업체들이 전담하여 대부분의 자동차 업체에 공급하고 있다. 여기에 더해, 자산의 효율성을 높이기 위해

자동차 산업 내 기업의 숫자

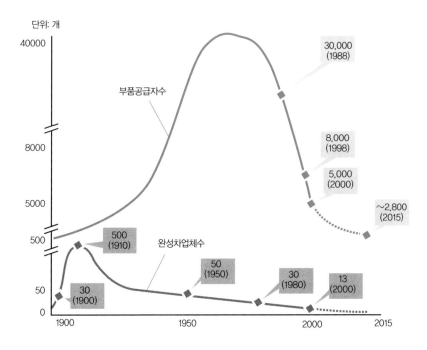

단위: 개

40000

30,000
(1988)

부품공급자수

8,000
(1998)

8000

5,000
(2000)

5000

~2,800
(2015)

500
(1910)

500

완성차업체수

50
(1950)

30
(1980)

13
(2000)

50

30
(1900)

0

1900   1950   2000   2015

서 최근에는 자동차 자체의 생산도 아웃소싱이 적극적으로 이루어지고 있
다. 기아차의 레이, 모닝은 기아차가 아닌 외주업체인 동희모터가 생산하
고 있으며, 벤츠나 BMW같은 고급 브랜드마저도 자체생산이 아닌 외주생
산을 적극적으로 활용하게 되었다. 이런 외주가 일반화되면 이는 또 새로
운 기업의 진입이 적극적으로 활성화된다. 예를 들어 최근 각광을 받고 있
는 전기차 업체인 테슬라 모터스(Tesla Motors)는 첫 모델인 테슬라 로드스
터(Tesla Roadster)를 완전히 외부업체의 외주만을 통해 생산한 후에, 성공을
확신한 두 번째 모델에서부터야 비로소야 자체 생산을 시작하였다.* 또,
약간 다른 방향이기는 하나, 자동차 업체들은 고객의 현금흐름을 돕는 차

원에서 리스나 파이낸싱을 하는 자동차 금융 업체들을 설립하여 적극적인 신사업으로 추진해 왔다. 동시에 최근에는 자동차 업체들이 중고차 시장의 성장에 따라 직접 자사 중고차 매매 시장에도 뛰어들고 있다.

또 최근 자동차 산업에서는 트렌드 차원에서 전기화와 새로운 소재를 통한 혁신이 이루어지고 있다. 전기자동차는 지금까지의 기계 중심의 자동차와는 근본적으로 다른 구조 때문에 새로운 형태의 공급업체가 필요할 것으로 전망되고 있으며, 현재 자동차 업체의 역량을 감안할 때, 전기전자 쪽의 역량을 지닌 공급업체가 더욱 중요해질 것으로 예상된다. 이와 함께, 소재 측면에서도 경량화를 목적으로 알루미늄, 카본화이버 등의 기존과는 다른 형태의 소재가 사용되면서, 전체적인 가치사슬에 큰 변화가 올 것으로 예상된다. 이런 변화와 함께, 자동차 산업의 효율을 높이기 위한 새로운 진화는 계속 이루어질 것이며, 수많은 사업기회가 새롭게 생겨날 것이다.

반도체 산업에서는 메모리, 로직, 아날로그 시장을 비교해보는 것이 재미있는 연습이 될 수 있다. 같은 반도체 산업이지만 세 시장의 특성은 매우

---

*테슬라는 원래 자체 생산을 목표로 세운 회사가 아니다. 만약 외주생산이 가능하지 않았다면 처음 테슬라 같은 새로운 자동차 업체가 세워지는 것은 매우 어려웠을 것이다. 테슬라의 자체 생산은 최근 각광을 받고 있는 두 번째 차량인 모델S부터 이루어진 것이고, 그 전까지 테슬라의 모든 차량은 영국의 로터스(Lotus)가 만들었다. 하지만, 전기차에 대한 기존 자동차 산업의 부족한 이해는 테슬라로 하여금 전기자동차만의 새로운 설계와 부품을 위한 완전히 새로운 공장을 직접 운영하도록 만들었다. 한 가지 재미있는 것은 현재 미국 캘리포니아에 위치한 테슬라 자동차의 자체 생산공장이 한때 토요타 시스템을 미국이 받아들인 대표적인 사례인 제네럴모터스(General Motors; GM)와 토요타 자동차가 합작했다가 결국 경영부진으로 인해 문을 닫은 NUMMY 공장을 인수하여 개조 후 재가동한 것이라는 점이다.

**여기서의 논의는 어디까지나 예시적인 것이다. 실제 구체적인 신규사업으로서 작동하기 위해서는 추가적으로 철저한 검증이 요구된다는 점을 미리 밝힌다.

자동차 산업의 주요 진화

여섯 가지 모델	지금까지 이루어졌던 주요 진화 및 기회	최근의 트렌드	앞으로 예상할 수 있는 진화 및 기회
1. 통합	500여 개에 이르던 자동차 업체가 10여 개로, 40,000여 개에 이르던 부품업체가 2,000개로	1. 전기화로 인해서 자동차 제품 자체가 크게 변화하면서 부품공급의 가치사슬 재편 2. 기존 업체의 아직 충분치 못한 기술 수준 (전기차 업체인 테슬라는 반대로 공급업체의 역량 미비 탓에 대부분의 생산/제조를 자체적으로 수행)	자동차 업체 숫자가 단기적으로 증가할 가능성 높으며, 향후 통합이 다시 이루어지게 될 것이며 부품 역시 유사한 패턴 예상
2. 비용구조	컨베이어벨트를 이용한 양산체계 구축		대량생산이 이루어질 경우 급격하게 비용이 떨어지는 전자산업 특성을 활용한 새로운 사업 모델 및 전기차 전문 외주생산업체 등장 가능성과 함께, 설계/마케팅에만 특화한 카로체리아 모델 활성화 가능성
3. 저투자	자동차 생산공장의 외주화		
4. 아웃소싱	1차공급업체가 모듈 단위의 R&D 수행		반도체, 모터, 배터리, 전자제어 등에 대한 새로운 1차 공급업체 성장 (미션 모터스 [Mission Motors])
5. 가치사슬 단축	1차공급업체가 2, 3차 공급업체들을 관리		
6. 현금흐름	자동차 리스/파이낸싱 중고차		자동차 공유 사업모델 본격화 (집카[Zipcar])

다르다. 한번 앞서 논의했던 6가지 모델을 바탕으로 어떠한 사업기회가 고려될 수 있을지 검토해보자**.

현재 반도체 영역 별 상황 및 진화 가능성

여섯 가지 모델	메모리	로직	아날로그
1. 통합	통폐합을 통해 3개 사만이 존재	인텔 등 대형업체과 다양한 설계 전문 벤처기업으로 양분	다양한 업체들이 난립
2. 비용구조	지속적인 공정혁신을 통한 생산단가 절감 (무어의 법칙)	지속적인 공정혁신을 통한 생산단가 절감 (무어의 법칙)	공정혁신 속도 매우 더딤
3. 저투자	고효율의 통합모델을 3사가 모두 구축	설계와 생산 분리	비효율적인 통합모델
4. 아웃소싱	아웃소싱 필요성 낮음	이미 아웃소싱 활성화	아웃소싱 필요성 높으나 아직 없음
5. 가치사슬단축	제조사가 직접 최종고객과 거래	제조사가 직접 최종고객과 거래	제조사가 직접 최종고객과 거래
6. 현금흐름	필요성 낮음	필요성 낮음	소형 업체 대상으로 장비 측면 필요성 존재

메모리 시장과 로직 시장의 경우 이미 상당한 진화가 이루어져 있는 반면, 아날로그 쪽은 그렇지 않다. 메모리 시장은 DRAM을 기준으로 삼성전자, 마이크론(Micron), 하이닉스의 3개사 만이 생존하여 통합이 마무리되었고, 비용구조 측면에서도 무어의 법칙을 따라서 지속적인 공정혁신으로 해마다 엄청난 속도로 용량당 생산단가가 절감되고 있다. 3개사 모두 설계부터 제조까지 일관적으로 통합된 고효율의 사업모델을 구축하고 있는 상

황이다. 로직 시장은 메모리 시장만큼의 통합은 아니지만, 일찍이 TSMC 라는 제조 전문 아웃소싱 업체가 등장하여 산업을 효율화시키면서 퀄컴과 같은 저투자 모델이 확고한 입지를 굳히고 있다. 두 시장 모두에서 차별화된 여섯 가지 모델 모두 적용 가능성이 낮은 상황인 것이다. 반면 아날로그 시장은 아직 수많은 중소형 업체들이 난립하고 있는데, 이들은 모두 규모의 경제 없이 설계부터 제조까지를 통합한 모델로 전혀 분업이나 전문화가 이루어져 있지 않다. 그러다 보니 비용 구조 측면에서도 로직이나 메모리 시장과 같은 확고한 비용절감 노력이 이루어지지 않은 상황이다. 이런 상황이라면 아마도 몇 가지 새로운 사업모델을 통한 기회를 그려볼 수 있을 것이다. 특히 로직 시장은 좋은 선례다. 아날로그 시장에는 앞으로 보다 경쟁력 있는 사업모델이 등장할 가능성이 높다. 우선 통폐합이 이루어질 것이다. 기존의 중소형 업체들을 통폐합함으로써 규모의 경제를 높이는 업체가 나타날 것이다. 그리고 업체의 수 또한 크게 줄어들 가능성이 높다. 동시에 로직과 메모리 시장에서 그랬던 것처럼 한 번에 많은 수의 반도체를 생산할 수 있도록 웨이퍼 크기를 키우고, 대량생산공정을 도입하면서 무어의 법칙과 유사한 사업모델을 추구하는 비용경쟁이 일어날 것이다. 그런 과정에서 늘어나는 투자부담은 분업화를 유도할 것이다. TSMC 와 같이 제조에만 집중하는 아날로그 전문 파운드리 업체가 등장할 가능성이 높다. 이와 함께 극소수의 선도업체를 제외한 나머지 업체들은 설계에만 집중하는 전문화 모델로 변신할 것이다. 이런 변화를 예상할 수 있다면, 이는 모두 새로운 사업기회가 될 수 있다. 최근 반도체가 신재생에너지나 자동차에 들어가면서 아날로그 반도체에 대한 관심이 크게 높아지고 있는데, 현대자동차 같은 자동차 업체나 LG전자와 같은 전자업체 입장에서 이러한 변화는 새롭게 반도체 시장에 진입할 수 있는 좋은 기회를 열어 주게 될 가능성이 높다.

이렇게 산업 내에서 지금까지 이루어진 진화가 과연 일반적인 기준으로 어느 수준까지 와 있는지, 그리고 객관적이고 제3자적인 외부시각으로서 추가적인 진화의 트렌드가 이루어질 가능성이 무엇인지를 생각해보는 것은 새로운 사업기회를 찾는 좋은 단서를 제공해줄 것이다.

13
찾아낸 기회의 선택

찾아낸 신사업기회들 중에서 무엇을 선택할 것인가?

지금까지 신사업 아이디어를 어떻게 찾을 것인지에 대한 기본적인 방법론을 생각해 보았다. 하지만 아이디어를 찾았다고 모든 것이 끝나는 것은 아니다. 정말로 중요한 것은 여러 아이디어 중에서 가장 우선적으로 고려해야 할 것을 골라내는 '선택'이다. 신사업을 찾는 과정은 크게 나누어 보면 두 가지로 이루어진다. 하나는 아이디어의 발굴이다. 신사업이 될 수 있는 구체적인 기회들을 도출해 내는 것이다. 그 다음은 앞서 찾은 여러 가지 기회 중에서 실제로 어떤 기회를 골라낼지를 결정하는 것이다. 아마도 가장 일반적인 방법론은 이 책의 제일 앞부분에서도 이야기했던 매력도와 성공가능성을 기준으로 하는 2X2 매트릭스일 것이다.

사실 지금까지 논의되었던 내용은 주로 어떻게 신사업의 아이디어를 발굴해 낼 수 있을 것인가에 대한 것이었다. 하지만 선정 역시 고민해볼 만한 것들이 많다. 1장에서 논의하였던 2X2에 대한 이슈는 사실 결정에 대한 것이 아니었다. 사업기회에 대한 매력도를 제대로 평가해낸다고 해서 모든 것이 끝나는 것은 아니다. 특히 사업가가 아닌 기업 입장에서는 더욱 그렇다. 기업이 신사업을 추진하는 이유는 전체 사업들을 종합한 기업으로서의 성장을 위해서다. 하나의 신사업을 제대로 추진하는 것도 중요하지만 이를 통해 전체 기업의 사업포트폴리오가 어떻게 변화하는 것인가가 큰 그림에서는 훨씬 중요하다. 그런 점에서 생각해볼 것은 특정한 신사업이 포트폴리오에 더해짐으로써 변화되는 전체 포트폴리오의 그림이다. 단순히 이번 사업을 하나 하고 말고의 관점이 아니고, 이번 사업이 포트폴리오에 더해짐으로써 그 다음에는 또 어떤 사업기회를 볼 수 있을 것인가라는 연속적인 관점에서의 생각이 중요해지는 것이다. 경제학 용어로는 '리얼옵션(Real option)'이라고 불리는 개념이다.

신사업 추진의 두 단계

	1단계 신사업 아이디어의 발굴	2단계 우선순위화 및 선정
내용	• 새로운 아이디어의 도출 • 다양한 사업기회들에 대한 리스트업	• 발굴된 다양한 사업기회들을 평가 • 우선순위를 매기고 추진할 것을 선정
일반적 접근	• 시장에서 이야기되는 기회에 집중 • 시장의 컨센서스에 기초한 매력도	• 현 시점에서의 매력도와 성공가능성을 중심으로 평가
새로운 접근	"컨트라리언 접근방법" • 의도적으로 시장과는 다른 시각에서 생겨나는 기회에 집중 • 시장 시각과의 차이에 기초한 매력도	"리얼옵션 평가" • 하나의 사업이 포트폴리오에 추가됨으로서 새롭게 변화하는 연속성 하에서 통시적인 평가

사업기회 선정을 위한 2X2 매트릭스를 생각해보자. 앞서의 논의는 바로 사업기회라는 점들을 찾아내고, 이를 내 입장에서 정확하게 이 2X2 매트릭스에 찍기 위한 것이었다. 2단계는 이제 이 점들 중에서 정말로 내가 해야 할 점을 골라내는 것이다. 사실 사업기회를 찾는 것보다 훨씬 더 중요한

것이 찾은 기회 중에서 진짜로 실행할 것이 무엇인지를 선택하는 의사결정이다.

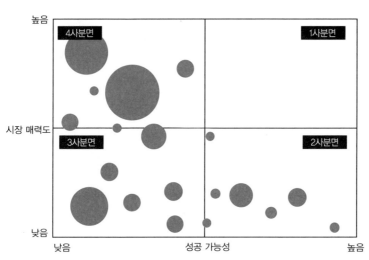

신사업 우선순위 및 선정을 위한 2X2 매트릭스

2X2매트릭스는 매우 직관적으로 어떤 사업기회가 가장 우선적으로 선택되어야 할지 보여줄 수 있다. 매력도도 크고, 성공가능성도 높은 사업이 있다면 당연히 가장 먼저 고려되어야 한다. 그런데 문제는 현실이다. 앞서 1장에서도 논의했었지만 신사업 발굴에 있어서 매력도가 높으면 지금 내 역량으로는 성공시키기 어렵거나(4사분면), 내가 쉽게 잘할 수 있는 사업이라면 매력도가 떨어지는(2사분면) 딜레마가 존재하는 경우가 많다. 과연 이러한 딜레마를 해결할 방법이 없을까?

잠깐 지금까지의 논의는 잊고, 다시 원점으로 돌아가보자. 왜 신사업을 해야 하는가? 개인사업으로서가 아니고 기업으로서 신사업을 하는 근본

이유는 지속적인 성장을 위해서다. 다시 말하자면 기업 입장에서 하나 하나의 신규 사업도 중요하지만 보다 더 중요한 것은 전체 사업 포트폴리오 관점이고, 당장의 미래보다 장기 비전으로서의 미래다.

그런 관점에서 '리얼옵션'이라는 개념을 한번 생각해볼 필요가 있다. 학문적 의미에서의 리얼옵션은 실제 투자 의사결정을 내릴 때 올바른 판단을 하기 위해서 투자 프로젝트의 가치를 산정하는 방법론인데, 사전에 정의된 확률과 할인율을 감안해서 산정하는 순현재가치(NPV; Net Present Value)의 한계를 극복하는 대안으로서 스튜어트 마이어스 (Stewart Myers) 교수가 제안한 것이다. 여기서 생각해야 할 것은 구체적인 내용보다는 리얼옵션의 개념과 철학이다. 리얼옵션의 기본 개념은, 계속 변화하는 불확실한 미래를 감안한 의사결정을 하기 위해서는, 현 시점에서 한 번에 의사결정을 끝내는 것보다 지금 내리는 의사결정에 따라 미래가 변화할 것이기 때문이 앞으로 나타날 선택지를 감안하여 순차적인 의사결정을 내리는 것이 더 최적의 결과를 만들어 낼 가능성이 높다라는 데서 출발한다. 예를 들어 인천공항에서 서울까지 이동할 교통수단을 만드는데, 수요 산정에 불확실성이 높다면 당장 서울역에서 인천공항까지 철도 노선을 확정 짓고 투자를 시작하는 것보다, 수요와 상관없이 꼭 필요할 인천공항에서 김포공항까지의 철도 노선을 먼저 건설하고, 완공된 시점에서 실제 수요를 바탕으로 필요한 추가 노선을 건설하는 식의 의사결정이 위험과 수익을 모두 감안한 기대효용에서는 더 나을 것이라는 개념이다.

이러한 리얼옵션 사고방식은 앞서 이야기 한 딜레마를 풀 수 있는 단초가 된다. 기업 입장에서 아무리 매력적인 시장기회가 존재하더라도 성공할 가능성이 낮다면 당장 무리하게 진입하는 것은 바보짓이다. 4사분면에 있는 사업기회가 정말로 매력적이라면 그 다음으로 고민해야 하는 것은 성공가능성을 높일 방법이 있는가 살펴보는 것이다. 거꾸로 2사분면에 있는 사업기회라면 이 성공가능성을 바탕으로 어떻게 더 큰 매력을 가진 사업으로 변화시킬까가 핵심일 것이다. 그런데 만약 이러한 모든 의사결정을 지금 당장 내려야 하는 것이 아니라고 생각한다면 어떻게 될 것인가? 저 2X2 매트릭스의 가장 큰 한계가 여기 있다. 지금 모든 대안의 성공가능성을 평가하여 신사업을 해볼지를 결정하는 것은 최적의 판단이 아닐 수도 있다. 만약 미래의 성공가능성을 높일 수 있는 대안이 있다면 기업 입장에서는 단순히 현 시점의 2X2 매트릭스에 의존하여 의사결정을 내리는 것보다 더 나은 결과를 기대할 수도 있을 것이다.

만약 어떤 사업에 새롭게 진입했다고 가정해보자. 그 사업에서 성공을 거둔다면, 아마도 그 시점에서 내가 가진 역량과 사업기반은 지금보다 더 나을 것이다. 그리고 그런 새로운 역량을 바탕으로 지금 당장은 고려하기 어려운 더 매력적인 사업에서 성공을 노려볼 수도 있지 않을까? 이것이 바로 리얼옵션 사고가 필요한 이유다.

다시 2X2 매트릭스로 돌아가서 생각해보자.

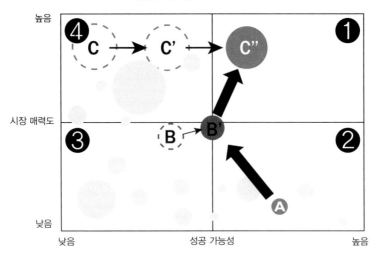

리얼옵션을 감안한 2X2 매트릭스

지금 당장 2사분면과 4사분면 사이의 딜레마에서 허우적대기 이전에, 2사분면의 사업에 진입함으로써 4사분면에 있는 사업에서 성공을 노려볼 수 있는 길이 열린다면, 2사분면의 사업은 현재 매력도가 낮더라도 고려해볼 만한 가치가 있다. 즉, 예를 들어 A라는 사업을 내 포트폴리오에 넣음으로써 역량을 높이고, 이로 말미암아 B라는 사업의 성공가능성이 B′로 바뀔수 있다면, 또 B′ 사업에서 성공을 거둬서 C″사업에 진입을 노려볼 수 있을 것이라면 A사업은 꼭 검토되어야 할 사업기회일 것이다. 한 가지 덧붙일 것은, 현 시점에서 꼭 C라는 사업이 확정되어야 하는 것도 아니다. 큰 방향에서 A라는 사업을 하다가 향후 매력적인 사업에 진입할 수 있는 추가적인 기회가 주어진다면 그것도 리얼옵션이라는 관점에서는 반드시 검토가 필요하다.

리얼옵션의 철학은 특히 개인보다는 기업 입장의 신사업에서 큰 의미가 있다. 기업의 입장에서 신사업은 크게 보면 기업의 궁극적인 비전이나 목 표일 수도 있지만, 작게는 여러 사업 포트폴리오의 일부로서 큰 비전을 달 성해 가기 위한 하나의 디딤돌일 수도 있다. 따라서 개별 신사업기회의 선 정 여부는 최종적이고 확정적인 단 하나의 결론으로서도 중요하지만 연속 적인 의사결정 중 하나로서, 즉 리얼옵션이라는 관점에서도 중요한지 반 드시 점검되어야 한다.

리얼옵션이라는 관점에서 좋은 예가 삼성전자의 시스템반도체 사업이 다. 삼성전자의 반도체 사업은 원래 메모리반도체가 핵심사업이었다. 반도 체는 크게 메모리와 로직, 그리고 아날로그의 세 가지*로 나뉘는데, 요구 되는 설계나 공정기술이 서로 많이 다르다. 삼성전자는 메모리반도체에서 의 대성공 이후, 반도체 시장에서 다양한 신사업 기회를 검토한 끝에 1994 년 DSP(Digital Signal Processor)라는 로직반도체 제품을 선보이면서 시스템 반도체 사업을 시작했다. DSP 자체에 큰 기대를 하거나 성공을 노렸다기 보다는 이를 통해서 매력적인 로직반도체 시장에서의 역량을 쌓으려는 신 사업이었다. 여러 해 동안 삼성의 시스템반도체 사업은 돈을 벌지 못했지 만, 삼성전자는 지속적으로 다양한 로직 반도체 제품들을 내 놓으면서 역 량을 축적해왔다. 그러던 2006년 드디어 기회가 찾아온다. 애플이 휴대전 화 시장에 참여하기로 결정했고, 새로운 개념의 휴대전화인 스마트폰을 개발하면서 기존의 컴퓨터에 들어가는 프로세서보다 성능은 떨어지지만 전력을 적게 사용하고, 크기가 작은 새로운 프로세서를 공급할 업체를 물

---

*2012년 기준으로 전체 반도체 시장은 350조 원(3,200억 달러)에 달하는데, 그중에서 메모리 반도체가 60조 원(550억 달러), 아날로그 반도체가 90조 원(830억 달러), 로직 반도체는 200조 원 (1,900억 달러)로 메모리의 비중이 가장 작다.

색했다. 이런 저전력, 소형 프로세서를 개발, 생산하려면 미세하게 회로를 가공하는 공정기술에다가 로직반도체에 대한 설계기술이 필요했는데, 가장 앞서 있던 프로세서 업체였던 인텔은 컴퓨터용 프로세서에만 치중하던 나머지 새로운 개념의 프로세서에 대응할 준비가 되어 있지 않았다. 그런 상황에서 메모리 반도체를 통한 공정기술도 갖고 있으면서, 꾸준히 로직반도체 시장에서 경험을 축적해온 삼성은 훌륭한 대안이 되었다. 삼성이 애플과 함께 개발한 A4라는 스마트폰용 프로세서는 아이폰 1에 사용되었고, 이후 애플이 스마트폰에서 대성공을 거두면서, 삼성은 A5(아이폰 3G), A6(아이폰 4), A7(아이폰 5)이라는 프로세서를 애플에 독점공급하고 있고, 이를 통해서 삼성의 시스템반도체 사업은 전체 스마트폰용 프로세서 시장에서 독보적인 지위를 확보하여 2013년 10조 원이 넘는 매출을 기대하고 있다.

신사업기회를 선택할 때 리얼옵션 사고는 매우 중요하다. 장기 성장을

아이폰과 기판 및 A4 프로세서

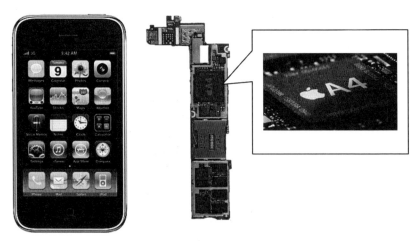

고민하면서도 단기 생존과 성과도 놓칠 수 없는 기업이라는 입장에서 단기적인 성공가능성이 높은 2사분면의 사업과 장기적인 성장가능성을 제공해줄 수 있는 4사분면의 기회를 연결시킬 단서를 찾는 것은 신사업의 우선순위를 정하고 선정하는 데에서 가장 핵심적으로 고려되어야 할 사항이다.

결론은 리얼옵션을 고려한 컨트라리언적 사고

자, 그럼 지금까지의 논의를 정리해보자. 제대로 신사업을 추진하기 위해서는 두 가지가 필요하다. 하나는 제대로 된 사업기회를 찾는 것이고, 다른 하나는 찾아 놓은 여러 가지 사업기회 중에서 제대로 고르는 것이다. 지금까지 많이 사용되던 접근방법은 두 가지 한계를 갖고 있었다. 제대로 된 사업기회를 찾는 부분에서는 시장의 시각에 의존하기 때문에 모든 사람들이 알고 있고 결국 치열한 경쟁에 부딪칠 수밖에 없는 사업만을 찾게 되는 한계가 있었다. 그리고 다양한 사업기회 중에 우선순위를 가리는 부분에서는 현 시점에 특정된 성공가능성을 기준으로 판단을 내리게 되어, 결과적으로 진정으로 매력적인 사업기회를 선택하는 데에는 한계가 있었다.

이런 문제점을 극복하기 위해서는 우선 컨트라리언적인 접근으로 사업기회를 모색해야 한다. 기존의 시장이 보는 시각이 아니라, 산업을 논리적이고 합리적인 방법으로 짚어가면서 나만의 시각을 만들어 내고, 남들이 보지 못했던 기회, 남들이 무시하고 있던 기회들 중에서 매력적인 기회를 찾아내는 데에 집중해야 한다. 그리고 이렇게 찾은 기회를 선정할 때는 리얼옵션적 관점이 필요하다. 단순히 현재 시점에서의 가능성에 근거한 판단이 아니라, 이 사업기회에 진입함으로써 그 다음에 열릴 새로운 가능성을 감안한 통시적인 판단을 내려야 한다.

2X2 매트릭스를 기준으로 생각해보면 가로축, 세로축 모두에서 새로운 시각을 가져야 한다고 이야기할 수 있겠다. 컨트라리언적인 접근을 통해 세로축에 대해서 나만의 평가를 내리고, 리얼옵션에 근거하여 세로축이 어떻게 달라질 것인지를 생각해본다면, 남들과는 다른 진정한 나만의 매력적인 사업기회를 찾을 수 있을 것이다.

2X2 매트릭스에 대한 새로운 적용

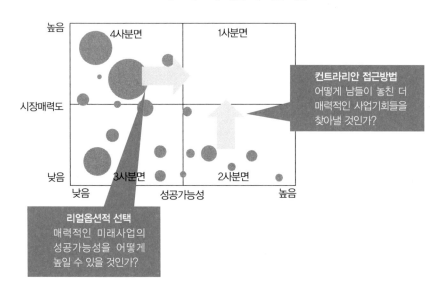

14
정리,
그리고 기업이 더 신경 써야 하는 것

지금까지 다양한 사례들을 바탕으로 신사업 아이디어를 찾는 방법을 생각해 보았다. 이 책은 신사업기회를 어떻게 발굴할 것이냐에 초점을 맞추었다. 선택된 사업을 어떻게 잘할 것이냐는 여기서 다루지 않는다. 이미 성공적인 전략 수립과 실행에 대해서는 많은 좋은 책들이 존재하고 있고, 현재로서는 이런 책을 넘어설 만큼의 좋은 아이디어도 아쉽지만 갖고 있지 않다. 여기서는 컨트라리언적인 접근을 통해 신사업을 찾고, 이를 관리하면서 주의할 부분에 대해서만 간단히 짚고 넘어가보자. 특히 한국 기업들은 신경 써야 할 것들이 많이 있다.

우선 지금까지 제시한 프로세스를 마지막으로 총정리 해보자.

상세한 신규사업 발굴 프로세스

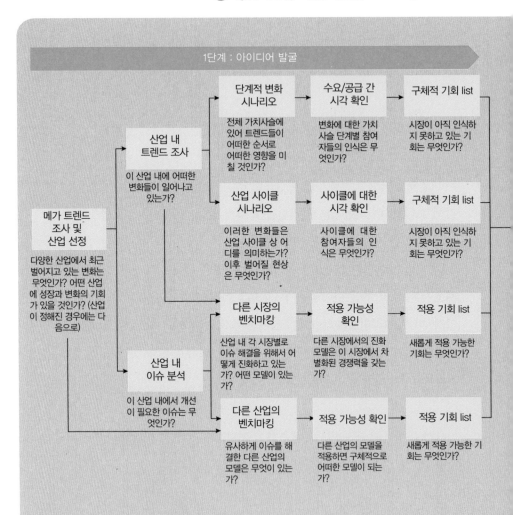

2단계 : 아이디어 선정

개별 기회 평가

각 기회들의 매력도와 우리의 성공 가능성은 각각 어떠한가?

리얼옵션 시나리오

각 기회들의 진화경로를 감안할 때 디딤돌로서의 기회는 무엇이 있는가?

우선순위화 및 선정

리얼옵션으로서의 매력도와 이를 통한 기회들의 증가하는 성공가능성까지 감안할 때, 어떤 사업이 추진되어야 할 것인가?

실행

트렌드에서 시작하여 일차적으로 대상 산업을 선정한 후에, 크게 두 가지의 질문을 던져본다. 즉, 수요와 공급 관점에서 산업이 어떻게 변화하고 있는가와 사업모델의 진화 관점에서 산업에서 개선이 요구되는 이슈는 무엇인가가 그것이다. 그 다음에는 이러한 두 가지 질문에 기반하여 크게 네 가지 방법으로 구체적인 사업기회를 찾아보아야 한다. 우선 산업이 어떻게 변화하는지 종합적이고 체계적인 분석을 한 후, 첫 번째 기회는 변화가 가치사슬을 따라서 확산되는 과정을 전체 산업 관점에서 살펴보며 이러한 변화에 대한 인식이 차이가 나는지를 확인하여 발견되는 것이고, 두 번째 기회는 산업 사이클에 대한 인식 차이에서 발견되는 것이다. 그리고 산업의 진화라는 관점에서, 한 시장에서 발견되는 진화 모델을 다른 시장에 적용함으로써 시장을 진화시켜보는 것이 세 번째 기회이고, 마지막으로 한 산업에서의 이슈를 해결하기 위해 다른 산업에서의 모델을 참고하여 새로운 모델을 만들어보는 것이 네 번째 기회다.

물론 여기에서 논의한 이 네 가지 방법이 신사업 아이디어를 발굴하는 유일한 방법은 아니다. 하지만 실제로 신사업 발굴 과정에서 순서대로 따라 해 볼 만한 방법론이 별로 없는 것도 사실이다. 매우 구체적이지 않은 트렌드들에 대한 설명이나, 이미 아이디어들은 찾았고 이 중에서 실제로 추진할 아이디어들을 골라내는 선정론 사이에서 길을 잃은 기업과 컨설턴트가 한 번 찬찬히 순서대로 따라가볼 만한 방법이라는 데에서는 의미가 있을 것이라 생각한다.

컨트라리언적 접근에 대한 반발

하지만 컨트라리언은 태생적으로 쉽지 않은 접근방법이다. 그 어려움을 다시 한 번 강조해야겠다. 컨트라리언 접근방법은 그 정의부터 시장의 논리, 대다수가 믿고 있는 사실에 대한 의심에서 출발한다. 당연히 수많은 질문과 의구심, 그리고 반대를 수반할 수밖에 없다. 이를 이겨내고 제대로 된 사업을 추진하기 위해서는 엄청난 확신과 뚝심이 필요하다. 뒤집어 생각하면 많은 기업이 신사업을 추진할 때, 시장이 바닥일 때 사업을 포기해버리고, 시장이 피크일 때 불나방처럼 달려드는, 어찌 보면 어리석은 의사결정을 하는 이유는 그만큼 시장과 대다수의 의견을 따르지 않는 데서 오는 압박이 크기 때문일 것이다. 실제로 기업들과 신사업기회에 대한 논의를 하면서 많이 들었던 이야기가 다음과 같은 논리였다. 두 가지 예만 들어보겠다.

"참 좋은 게 맞기는 한 것 같지만, 이 사업을 지금 추진하기는 불가능합니다. 이렇게 시장이 어렵다고 남들은 다들 빠져 나오느라 난리이고 유가가 이렇게 대폭락을 하는데 우리 주주와 경영진들에게 우리는 지금 투자해야겠다라는 이야기를 어떻게 합니까?"

2008년, 한 회사와 신사업으로서 심해 해양유전개발에 들어가는 특수선박에 대한 투자 논의를 할 때의 이야기다. 당시 유가가 급락하면서 해양유전개발에 대해서 급속하게 부정적인 의견이 퍼지고 있었다. 만약 이때 심해 해양유전개발에 더 적극적으로 투자할 수 있었다면 일시적으로 급락한 시장 분위기를 이용해 매우 싸게 선박들을 구입할 수 있었을 것이고, 이후 회복되는 시장에서 시드릴과 함께 지금까지 승승장구할 수 있었을 것이다.

"태양광하고 풍력은 무조건 들어가야 합니다. 다른 그룹들은 생각이 없어서 태양광에 저렇게 돈을 퍼붓겠습니까? 일단 이 두 가지 사업은 무조건 추진해야 한다고 생각합니다."

2006년, 신사업을 추진하던 한 재벌그룹의 경영진이 투자자미팅에서 한 이야기다. 당시 경기가 회복되기 시작하면서 많은 재벌그룹들이 신사업을 찾아 나섰고, 가장 많은 관심을 받았던 것은 태양광과 풍력이었다. 하지만 그 결과는 모두가 아는 것과 같다.

컨트라리언 접근방법에는 이런 반대가 따라올 수밖에 없다. 실행까지 갈 것도 없다. 아이디어를 꺼내놓기만 하더라도 무수한 질문이 따라붙을 것이다. 하지만 이런 반대들은 곧 컨트라리언으로의 기회가 크다는 것을 의미한다. 월마트(Walmart)의 창업주인 샘 월튼(Sam Walton)의 이야기는 한번 되새겨 볼 만하다.

"Ignore the conventional wisdom. If everybody else is doing it one way, there's a good chance you can find your niche by going in exactly the opposite direction. But be prepared for a lot of folks to wave you down and tell you you're headed the wrong way. I guess in all my years, what I heard more often than anything else was: a town of less than 50,000 population cannot support a discount store for very long."

통상적인 믿음은 무시해라. 만약 모든 사람들이 한 방향으로 가고 있다면, 그 정확히 반대 방향에서 너만의 좋은 기회를 발견할 수 있을 것이다. 하지만 많은 사람들이 와서 네가 잘못된 방향으로 가고 있다고 뜯어말릴 것을 예상하고 있어야 한다. 내 평생 가장 자주 들었던 이야기는 '5만 명도 안 되는 마을에 세운 할인점이 오랫동안 유지될 리 없어요'라는 것이었다.

이를 극복하기 위해서는 스스로에 대한 확신과 함께 남들이 납득할 수 있는 근거가 필요하다. 이런 확신과 근거를 만드는 가장 좋은 방법은 컨트라리언으로서의 결론을 이끌어낸 가정을 최대한 구체화시키고, 이를 검증해 보는 것이다. 컨트라리언은 남들의 생각과 무조건 거꾸로 하는 것이 아니다. 그건 삐뚤어진 청개구리 일 뿐이다. 남들의 의견에 휘둘리지 않고 최대한 객관적 자세를 견지하면서 가장 옳을 것 같은 팩트를 따라가 보는 것, 그것이 컨트라리언이 갖추어야 할 자세다.

당신이 믿어야 하는 것 (What you should believe)

컨트라리언으로서의 접근을 통해 어떤 사업기회를 찾았다면 실행에 앞서 그 사업이 매력적이라고 생각하는 근거를 명확히 할 필요가 있다. 그리고 그 시각이 지금까지의 시장 그리고 대중의 시각과 어떠한 차이가 나는지를 정리해보는 것은 객관적인 검증을 하는 중요한 단계다. 그리고 이렇게 정리된 비교는 남들과 토론하고 설득할 때 가장 중요한 자료가 된다. 핵심은 서로 다른 시각이 어떠한 믿음에 근거하고 있는지 보여주는 것이다.

한번 시드릴의 예를 생각해보자. 기존의 시각과 존 프레드릭센의 시각은 어떤 차이가 있었을까?

2004년, 시드릴의 'What you should believe'

	시장의 일반적 믿음	시드릴의 믿음
수요시장	에너지 시장이 성장하고 있으며, 향후 석유수요는 계속 증가할 것	에너지 시장이 성장하고 있으며, 향후 석유수요는 계속 증가할 것
심해유전	심해 유전은 아직 테스트 중이며 실제 수요가 확인되려면 시간이 필요	늘어나는 석유수요를 감당하기 위해서는 심해 유전이 유일한 대안이며 조만간 개발 본격화
시추선 시황	천해 유전이 아직까지 중심이며, 수급은 안정적임	조만간 심해 유전이 본격화될 경우, 심해 전용 시추선은 수요가 크게 부족할 것
경쟁	트랜스오션과 같은 선도 업체의 역량은 확고한 경쟁우위를 갖고 있어 후발업체 진입 가능성 낮음	심해에서는 새로운 선박과 이를 운용하는 역량이 필요한 만큼, 기존 업체와 차별화된 선단을 확보하고, 실적을 가진 중형 업체를 인수할 경우, 충분히 경쟁우위 구축 가능
결론	심해유전용 시추선 시장은 아직 검증이 필요하며, 시장이 형성된다고 해도 기존 선도업체의 우위가 유지될 것임	심해유전용 시추선 시장의 성장은 확실하며, 최신선박의 조기 발주를 통해 시장 선점이 가능함

이러한 주요한 논거는 실제 실행 과정에서 지속적으로 재확인과 검증이 이루어져야 한다. 만약 이러한 논거를 뒤집을 근거가 발견되지 않는다면, 남들이 어떻게 이야기하든, 추진할 근거가 된다. 거꾸로 문제가 발견된다면 바로 이를 해결하려는 유연성이 필요하다. 틀린 사실을 가지고 우겨대는 것은 컨트라리언이 가져야 하는 자세와는 거리가 멀다. 자신을 포함한 세상의 모든 사람들이 틀릴 수 있다는 유연한 사고가 컨트라리언의 기본적인 자세여야 한다.

컨트라리언이 힘을 가질 수 있는 가장 큰 이유는 바로 이 유연성에서 온다. 객관적이고 합리적인 판단에 의거하여 결론을 내리고, 새로운 정보에 항상 귀를 열어놓으면서, 세상의 잡음들로부터는 휘둘리지 않는 자세는 어떤 불확실한 미래가 닥치든 성공을 향하는 가장 좋은 자세다.

한국 기업의 문제점 중 하나가 의사결정에서 유연하지 못한 자세다. 한국 기업들과 일을 하면서 의사결정 과정에서 이해하기 어려웠던 점이 두 가지 있다. 하나는 미래에 대한 불확실성을 감안하지 않고 의사결정을 내리는 것이었고, 다른 하나가 실패를 인정하고 받아들이는 것에 대한 거부감이었다. 미래는 불확실할 수밖에 없다. 100% 성공하는 사업이나 100% 실패할 사업은 없다. 앞서 리얼 옵션에서도 이야기했지만, 미래를 100%로 단정하고 의사결정을 내리는 것보다는 미래에 또 다른 변화와 옵션들이 생길 것이라는 가정하에 의사결정을 내리는 것이 결과적으로 기대값이 높다. 하지만 신사업에 대한 의사결정을 내릴 때, 한국 기업들은 지금 당장 내리지 않아도 되는 결정임에도 불구하고, 모든 계획을 100% 만들고서 이에 기반하여 의사결정을 내리는 경우가 많다. 다른 하나는 한 번 경영진에서 결정된 사항에 대한 변경이 매우 어렵다는 것이다. 기업 환경은 지속적으로 변화한다. 그렇다면 한 번 내린 결정이라고 해도, 상황이 바뀌었다면 언제라도 인정하고 새롭게 의사결정을 내리는 것이 매우 당연하고, 효과적이다. 특히 한국 기업은 매몰비용(Sunk cost) 개념이 매우 부족한데, 이를 극복하기 위해서도 신사업을 추진할 때 기본이 되는 주요 가정과 판단 근거를 명확하게 해두고, 이를 다시 확인하고 전략을 새롭게 하는 것은 항상 이루어져야 할 일이다.

프로젝트와 같은 일회성 접근의 문제

많은 경우, 신사업은 내부 태스크 포스에 의한 것이든, 외부 컨설턴트의 도움을 받는 것이든, 프로젝트로서 추진되는 경우가 많다. 그런데 지금까지 살펴본 것처럼 신사업으로 의미가 있기 위해서는 시장이 간과하고 있거나, 미처 발견되지 않은 기회를 찾는 것이 중요하다. 하지만 단기간에 일회성으로 추진되는 신사업은 그 환경 자체가 이러한 생각을 어렵게 만든다. 예를 들어보자. 3개월 기한으로 추진되는 신사업 프로젝트가 있으면, 보통, 세 단계로 프로젝트가 진행되는 것이 일반적이다. 첫 한 달 동안은 사업기회 아이템을 발굴하고, 다음 한 달은 그 아이템 중에서 매력적인 것을 우선순위를 매겨 평가하고 선정하며, 마지막 한 달은 추진계획을 세우는 데 쓴다. 실제 정말로 중요한 사업모델을 생각하고, 골라내는 데에 주어지는 시간은 한 달에 불과하다. 새로운 산업을 살펴보고, 트렌드를 이해하고, 가치사슬에 어떻게 영향이 미치고, 현재의 산업에 존재하는 문제점을 찾아 개선할 사업모델을 고민하는 것을 한 달 안에 마치는 것은 불가능하다. 결국 프로젝트 팀은 시장에 이미 존재하는 사업기회를 모아서, 남들이 모두 아는 시장규모, 수익성, 성장성이 나온 리포트를 정리하는 데만 한 달이라는 시간을 쓰게 되고, 그 결과는 당연히 너무도 뻔할 수밖에 없다. 진심으로 성공적인 신사업을 찾아내고 싶다면, 사업기회를 발굴하는 데에 훨씬 더 많은 시간을 써야 한다. 그리고 산업의 변화를 지속적으로 관측하면서 새롭게 생겨나는 기회, 지금 갖고 있는 한계를 극복할 방법을 충분히 고민할 필요가 있다. 신사업 발굴은 조금 더 장기적인 관점에서 이루어져야 하고, 또 일회성이 아닌 연속성하에서 이루어져야 할 필요가 있다.

상시조직으로서의 신사업

동시에 고려해야 할 것은 신사업 발굴을 누가 맡아야 하느냐라는 점이다. 많은 기업이 신사업을 어쩌다 한 번 하는 프로젝트로 진행한다. 하지만 이는 옳은 방법은 아니다. 세 가지 점을 짚어볼 필요가 있다. 우선 신사업이라는 것은 기업이 영속적으로 생존하고 성장하기 위해 요구되는 필수불가결한 업무라는 점이다. 세상은 계속 변화한다. 변화하는 환경에 적응하는 가장 좋은 방법은 진화를 만들어내는 것이다. 진화는 돌연변이와 적자생존을 통해 이루어진다. 기업이 진화하려면 지금까지 해오던 사업, 지금까지 해오던 방법을 벗어나 새로운 사업을 계속해서 탐색하고, 만들어내야 한다. 두 번째, 컨트라리언으로서의 자세에서 핵심은 유연성이다. 이렇게 골라낸 사업을 단 한 번에 결정하는 절대적인 판단을 하는 것이 아닌,

이번 판단에 따라 변화하게 될 미래의 새로운 선택지들을 감안한 통시적인, 리얼 옵션적 판단이 요구된다. 마지막으로 지속성과 연속성을 생각하여야 한다. 신사업을 한 번 정했다고 모든 것이 끝나는 것이 아니다. 변화하는 환경에서 새로운 정보들을 계속 소화해가면서 기존에 내렸던 의사결정이 맞는지 확인하고, 이를 바탕으로 새롭게 의사결정을 내리는 연속적 활동이 신사업개발의 본질이 되어야 한다.

　미국의 선진기업의 조직 구조를 살펴보면, 낯선 이름 하나가 눈에 들어온다. 'Corporate development'. 직역하면 '기업개발' 부서라 불릴 조직인데, 이 조직의 역할은 기존 사업을 발전시킬 진화 방향성을 찾고 새로운 신사업을 발굴하는 것이다. 앞서도 살펴보았지만, 내가 속한 산업에서 기존 사업모델의 문제점을 해결하는 새로운 모델을 찾는 것 역시 신사업의 하나라고 생각해보면, 결국 '기업개발' 부서의 역할은 기존 사업의 안과 밖에서 신사업을 발굴하는 것이라고 봐도 무방하다. 한시적인 태스크포스 또는 프로젝트 조직으로 신사업개발이 이루어지는 한국 기업과는 달리, 미국 기업은 상시적인 핵심 기능으로서 이러한 신사업개발부서를 두고, 지속적으로 기회를 탐색하고, 찾아진 기회를 실행에 옮기고 있다. 한 가지 더 생각해볼 것은 그 이름 자체의 의미다. 기존 사업과는 완전히 분리된 별도의 일시적 기능으로서 '신사업팀', '신사업추진단'과 같은 명칭을 붙이는 한국과 조직 내의 핵심 부서로서 '기업개발'이라는 명칭을 붙이는 미국의 차이는 신사업이라는 것을 어떤 관점에서 이해해야 할 것인지에 대한 큰 시사점을 던져준다. 신사업이라는 것은 핵심적 기업활동으로서 상시로 이루어져야 한다.

기업개발 부서가 해야 할 일은 크게 세가지로 나누어 생각해 볼 수 있다. 첫 번째는 트렌드와 시장의 변화에 대한 지속적인 모니터링이다. 지금 이 기업이 속해 있는 산업뿐 아니라 다른 산업의 변화, 거시경제와 같은 전반적인 시장환경을 살피면서 기업이 더 발전할 수 있으려면 어떠한 기회를 찾아야 할지 확인하며 기본 정보를 모아야 한다. 두 번째는 이를 바탕으로 한 신사업기회 발굴이다. 신사업은 두 가지 측면에서 생각할 수 있다. 하나는 지금 내가 속한 사업에서 사업모델을 진화시키고 차별화시키는 것이고, 다른 하나는 지금 내가 하고 있지 않더라도 성장을 위해 필요한 새로운 영역으로 확장하는 데 필요한 사업이다. 컨트라리언 접근방법은 이 두 가지 모두를 충족하는 해답이다. 세 번째는 전체적인 사업 포트폴리오 관리다. 경영전략이 무엇인가에 대한 여러 가지 좋은 정의가 존재하는데, 그중의 하나는 '제한된 자원의 효율적인 이용'이다. 기업의 자원(주로 인력과 돈일 것이다)은 한정되어 있다. 다시 말하면 새로운 사업을 벌이기 위해서는 무언가를 버려야 할 가능성이 크다. 앞서 신사업 발굴이 일시적이고 단속적으로 이루어지는 것이 아닌, 연속적이고 지속적인 활동이어야 함을 설명했는데, 완전히 같은 이유로 포트폴리오 관리 또한 연속적이고 지속적인 활동으로 이루어져야 한다.

지금까지 한국 기업은 이런 기업개발 활동은 조직으로서의 역량이 아닌 오너 또는 최고경영자 개인의 역량에 의존해온 경우가 많다. 기업의 앞날을 고민하던 오너나 최고경영자의 번득이는 아이디어와 직관에 의해 새로운 사업영역이 정해지면, 이를 기획팀이나 별도로 조직된 프로젝트 팀에 숙제로 주어 연구하게 한 후, 신사업을 결정하는 것이 아마도 가장 일반적인 과정이었을 것이다. 지금까지 한국의 많은 신화적인 성공사례들은 탁월한 안목을 가진 경영자의 개인기로 이루어진 것이다. 하지만 이래서는 지속가능하지도 않고, 안정적이지도 않다. 산업과 사업환경의 변화를 고민하고, 이를 바탕으로 한 체계적인 분석에 의해 합리적으로 기회를 도출하고, 발견된 기회와 기존 사업을 꼼꼼히 따져서 포트폴리오를 바꾸어 나가는 일을 전문으로 하는 상시 조직이 뒷받침하는 것이 최고경영진의 개인기에 의존하는 것보다 더 나은 결과를 낼 것이라는 건 너무나도 당연하다. 앞으로 한국 기업에도 상시 기업개발 조직들이 자리잡고, 많은 기업개발 전문가들이 중요한 역할을 담당할 수 있게 되기를 기대한다.

신사업만큼 중요한 사업철수

또 한 가지 중요하게 지적하고 싶은 것은 능동적이고 상시적인 포트폴리오 관리의 중요성, 특히 사업철수에 대한 것이다.

과거 브릭스(BRICs*)가 성장을 주도하던 2000년대에는 대부분의 경제와 산업이 쭉쭉 성장할 수 있었다. 브릭스 국가들은 두 자릿수 성장을 거듭했고, 한국도 4~5년마다 한 번씩의 위기를 겪기는 했지만 위기가 끝날 때마다 좋은 성장의 기회가 찾아왔다. 하지만 2008년의 경제 위기 이후, 세계경제의 화두는 저성장이다. 중국도 두 자릿수의 성장은 다시 돌아오지 않을

---

*브라질(Brazil), 러시아(Russia), 인도(India), 중국(China)의 첫 글자를 따서 만든 단어로서 2000년대 세계 경제의 성장을 이끈 네 국가를 일컫는데, BRICs라는 단어를 만들어 낸 골드만삭스(Goldman Sachs) 자산운용 전 회장인 짐 오닐(Jim O'neal)은 최근에는 BRICs의 뒤를 잇는 신흥 성장국가로 MINT(멕시코[Mexico], 인도네시아[Indonesia], 나이지리아[Nigeria], 터키[Turkey])라는 새로운 네 국가를 지목하기도 했다.

과거가 되어 버렸고, 한국의 경제성장률은 3%가 채 되지 않는다. 이런 시장 상황에서 지속적인 성장을 위한 포트폴리오 관리의 중요성은 매우 크다. 과거에는 기업이 보유한 여러 개의 포트폴리오를 크게 걱정할 필요가 없었다. 경제가 빨리 성장한다는 이야기는 대부분의 산업이 모두 같이 성장한다는 이야기고, 이런 상황에서는 포트폴리오의 여러 사업들도 대부분 성장할 가능성이 높다. 하지만 저성장 상황에서는 근본적으로 이야기가 다르다. 한국의 많은 산업들이 제로성장 심지어 역성장 상황에 직면해 있고, 이런 산업들에 퍼져 있는 전체 포트폴리오 역시 성장하는 데 한계가 있다. 그런 상황에서 다시 성장을 만들어내기 위해서는 신사업을 찾는 동시에, 매력적이지 않게 되어 버린 기존 사업을 버리는 것이다. 경영은 기본적으로 자원 배분을 고민하는 것이 필요하다. 특히 신사업을 하려면 투자가 필요하다. 필요한 투자를 이끌어내기 위한 중요한 방법으로서 사업철수는 신사업과 맞물려 고민할 필요가 있다.

하지만 한국 기업은 이러한 의사결정이 매우 늦고, 보수적이다. 대부분의 기업에서 사업철수는 금기시되고 있고, 철수한다고 해도 그 사업이 완전히 망가지거나, 모기업이 심각한 어려움에 처해야 비로소 전략적 의사결정 중 하나로 고려 대상이 된다. 최근 '선제적 구조조정'의 중요성이 이야기되고 있지만, 이 역시 단순히 '호미로 막을 것을 가래로 막는' 것을 전제하는, 즉 실패한 사업에서 조금 더 빨리 의사결정을 내려야 한다는 의미 이상으로 인식되지 않고 있다. 하지만 사업철수는 실패와는 근본적으로 다르다. 다시 투자를 생각해보자. 주식투자에서 수익을 극대화하는 격언 중 하나가 '사는 것보다 파는 것이 더 중요하다'라는 것이다. 비록 어떤 사업에서 큰 성공을 거두었다고 하더라도, 이제 성장이 멈추었고, 더 매력적인,

다른 성장기회가 존재한다면, 이 사업을 팔고, 새로운 성장기회에 투자하는 것이 기업의 포트폴리오 입장에서 옳은 결정일 것이다.

이러한 사업 철수는 신사업 투자와 항상 함께 고려해야 한다. 그리고 신사업을 찾는 것이 상시적으로 이루어져야 하는 이유만큼 기존 사업에 대한 철수 역시 상시적으로 고민되어야 한다.*

미래지향적인 컨트라리언 전략이 필요하다.

마지막으로 신사업을 발굴하고 추진하는 데에서 명심하여야 할 두 가지를 이야기하고자 한다.

우선 신사업 추진은 미래지향적이어야 한다는 점이다. 사실 앞서 살펴본 신사업을 찾는 네 가지 방법은 서로 연관되어 있고 공통점을 갖고 있다. 네 가지 방법은 모두 산업의 미래 발전과 변화를 예상하려는 접근 방법이다. 따라서 이 네 가지 방법에 대한 분석을 모두 마친 상황이라면 이 산업이 앞으로 어떻게 변화할 것인지, 지금의 문제를 해결할 진화는 어떻게 이루어질 것인지에 대해 종합적이고 통합적인 그림을 그릴 수 있을 것이다. 그리고 이를 통해서 찾아내는 기회는 분명히 산업을 앞으로 한 발 더 이끌어나갈 사업이 될 것이다. 모든 산업의 미래는 산업 내에서 새로운 사업모델을 찾아내고 신사업을 벌여온 선구자들에 의해서 밝혀져 왔다. 여기서 제시

---

*이 책이 포트폴리오 관리나 사업철수가 아닌 신사업 발굴에 초점을 맞추고 있는 만큼, 본문에서는 포트폴리오 관리나 사업철수의 방법론에 대해서는 심도 있게 다루지 않았다. 단, 사업철수에 대한 개념과 방법론에 대해서는 부록 16장에서 간단히 추가 설명을 덧붙여 두었다.

한 방법론이 또 산업을 앞으로 이끌고 나갈 선구자에게 앞길을 비추어주는 작은 불빛 역할을 할 수 있기를 기대한다.

두 번째는 역시 컨트라리언으로서의 자세다. 매력적인 신사업 아이디어를 찾아내기 위해서는 남들과 다른 관점이 필요하다. 아직 남들이 찾아내지 못한 기회, 남들은 무시하고 있는 기회를 남들의 눈에 의지하는 게 아닌, 내 스스로의 눈으로 찾아보자는 것이 이 방법론의 목적이다. 최대한 객관적인 사실에 근거하여, 한 단계 더 생각해보고, 한 발 더 나가 보자라는, 어찌 보면 가장 상식적이고 기본적인 방법이 여기에서 논의하는 컨트라리언 접근방법이다. 남들과 다른 시각을 가진다는 것은 용기와 결단이 필요하다. 이 책이 그런 결단을 합리적으로 내리는 데 도움이 되고, 용기를 갖기 위한 디딤돌이 되기를 바란다.

PART 4.

부록 :
포트폴리오
관리 관점에서의
신사업

15

라이프 사이클(Life cycle)과
신사업

신사업 아이디어를 어떻게 찾을 것인지에 대해서는 본문을 통해 정리해 보았다. 여기서는 본문의 주제에서 미처 다루지 못했던 몇 가지 개념들에 대해 한번 생각해보고자 한다. 신사업이라는 것이 전체 포트폴리오 관점에서 이해되고 추진되어야 한다는 점을 감안하면, 몇 가지 추가적으로 고려되어야 하는 것이 있다. 여기서는 세 가지 개념에 대해서 다룰 것이다. 첫 번째는 라이프 사이클을 어떻게 이해하고, 라이프 사이클의 각 단계에 맞춰 신사업에 어떻게 접근할 것인가에 대한 것이다. 두 번째는 사업 철수*다. 사업철수는 경제가 성숙해가는 한국 상황에서 더욱 중요한 문제가 되고 있다. 저성장 상황을 극복하는 데는 신사업을 추진하는 것만큼 철수도 중요하다. 그리고 마지막으로 이를 통해서 전체 사업들을 아우르는 관점에서 어떻게 포트폴리오를 관리해 나가야 할지를 정리해보겠다.

---

*16장 사업철수는 2012년 5월호 동아비지니스리뷰에 저자가 기고한 내용에 기반하고 있다.

산업의 사이클과 사업의 라이프 사이클

산업은 여러 사업들로 구성되어 있다. 앞서 6장에서 산업의 사이클에 대해 살펴본 바 있는데, 이런 산업 사이클은 결국은 그 산업 내의 사업들이 흥망성쇠 하면서 만들어지는 것이다. 여기서는 한번 사업의 라이프 사이클이라는 관점에서 신사업을 생각해보자.

사업의 라이프 사이클

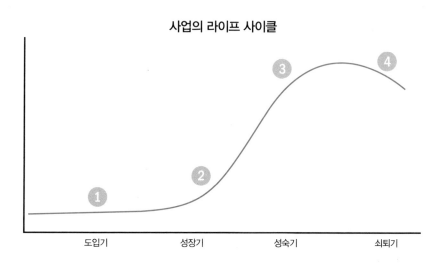

| 도입기 | 성장기 | 성숙기 | 쇠퇴기 |

모든 사업에는 사이클이 있다. 신사업을 고려할 때, 사업의 라이프 사이클은 두 가지 관점에서 생각해 볼 필요가 있다.

첫 번째는 이 사업을 기회로서 판단하기 위한 라이프 사이클이다. 많은 사람들이 생각하는 것 중에 하나가 '퍼스트 무버(First mover)'다. 즉, 경쟁업체보다 한 발 앞서서 사업에 진입하는 것이 중요하다는 것이다. 하지만,

실제로 성공한 많은 신사업을 보면, 꼭 그런 것만은 아니다. 오히려 6장에서 살펴본 이메일 사업 사례와 같이 초기에 들어간 기업이 뒤에 들어간 기업보다 사업의 효율이나 비용경쟁력에서 열위에 놓이게 됨으로써 결국 실패한 경우가 종종 있다. 반대로 너무 늦게 시장에 진입하는 경우, 즉 성숙기가 시작되려는 시점에 진입하는 경우에는 경쟁은 치열하고, 진입비용은 많이 드는 반면, 실제로 얻을 수 있는 과실은 별로 남아 있지 않은 경우가 많다. 라이프 사이클 관점에서 핵심은 도입기를 지나서 성장기로 접어드는 시점을 어떻게 잡아낼 것이냐다. 사실 당연한 이야기이지만 이를 찾아내는 것은 쉬운 일이 아니다. 많은 기업이 도입기를 지나 사업이 성장기에 진입했음을 확인하고 사업에 진입하고자 하지만 진입하고 나서 보면 사업이 이미 성숙기로 넘어가 버린 경우가 너무도 흔하다. 그러면 어떻게 맞는 타이밍을 잡을 것인가를 생각해보자.

라이프 사이클에 따른 비용의 변화

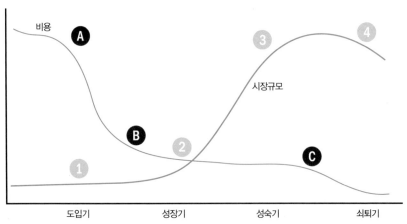

　두 가지 관점에서 접근해볼 수 있다. 하나는 산업의 효율, 즉 비용적 관점이다. 어떤 새로운 제품이나 사업이 생겨나게 되면, 초기에는 효율이 낮고, 비용이 많이 들어서 제대로 된 수요를 창출해내기 어렵다. 그러다가 새로운 사업모델이나 혁신에 의해 비용이 크게 하락해야 본격적인 성장기가 시작된다. 그러면 비용곡선이 본격적인 하락의 변곡점에 접어드는 A시점과 어느 정도 안정화가 이루어지는 B시점 중에서 어느 시점이 더 좋은 상황일까? 이는 사업의 특성과 관련이 있다. 만약, 특별한 기술이나 장비가 요구되거나, 투자규모 등이 진입장벽으로 존재하는 사업이라면 A시점이 더 낫다. A시점에 진입함으로써 성장기를 대비한 충분한 준비를 할 수 있기 때문이다. 만약 그런 것이 아니고, 특별한 차별화가 어려운 커머디티(commodity) 성격을 가진 사업이라면, B시점이 낫다. 시드릴은 A시점에서 공급이 제한된 장비인 심해전용시추선을 선주문함으로써 후발업체들보다 한 발 빨리 시장을 선점하면서 성장기의 과실을 독식할 수 있었다. 반면 야후나 핫메일의 경우, 떨어지는 비용곡선 대비 너무 일찍 사업에 진입한 나머지, 향후 훨씬 개선된 효율을 이용해 진입한 후발업체에게 속절없이 무너질 수밖에 없었다. 만약 커머디티 성격을 가진 사업이 아니라면 B 시점에 진입하는 것은 바보짓이다. 차별화된 경쟁력을 가질 수 없는 상황이라면 진입 초기에는 성장하는 시장에서 덩달아 잠시 즐거움을 누릴 수 있겠지만, 시장이 성숙기에 접어드는 시점에서 먼저 나자빠질 수밖에 없다. A시점을 놓쳤다면 오히려 C시점까지 기다리는 것이 낫다. 특히 이 시점에서는 기존 사업모델의 이슈가 드러나는 시점이기 때문에, 문제를 해결할 모델을 찾아낼 수 있다면 새로운 라이프사이클을 창출해낼 기회다. 그리고 어려움에 빠진 기존 업체를 싼 가격에 인수합병해서 다음 라이프사이클을

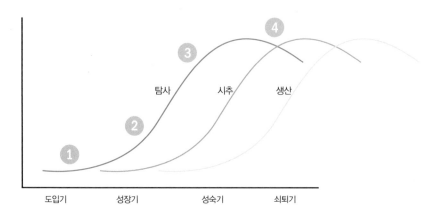

에너지 개발에서 순차적인 라이프 사이클

탐사   시추   생산

도입기   성장기   성숙기   쇠퇴기

준비할 수도 있다.*

두 번째는 가치사슬이다. 5장에서도 살펴본 것이지만, 산업 내의 사업들은 가치사슬의 순서에 따라서 라이프사이클이 달라진다. 가치사슬의 가장 앞에 있는 사업이 성장기에 진입했다고 판단된다면, 사실 노려야 되는 것은 성장기에 진입한 사업이 아니고 가치사슬 상 그 다음에 있는 사업이다. 에너지 산업을 생각해보자. 셰일가스나 심해유전과 같은 사업에 대한 탐사가 본격화되었다고 한다면 시추나 생산사업이 다음 차례일 것이기 때문이다.

사업의 라이프사이클은 신사업의 성패를 결정짓는 매우 중요한 요소다. 하지만, 사업 라이프사이클에 대한 단편적인 판단은 오히려 위험하다. 우선 생각해볼 것은 사업의 특성이다. 만약 그 사업이 진입장벽이 높고, 기술

---

*이러한 라이프사이클을 절묘하게 이용한 것이 제너럴다이내믹스인데 16장에서 조금 더 자세하게 다루도록 하겠다.

이나 경험이 요구되는 종류의 사업이라면 도입기라고 하더라도 최대한 빨리 진입하여 준비를 하는 편이 낫다. 그 사업이 도입기에서 성장기로 접어들 것인지 판단하려면 그 사업의 가치사슬 앞 뒤를 살펴보는 것이 좋다. 이 사업이 언젠가는 뜰 것인지는 가치사슬 앞 뒤의 다른 사업에서 신호를 읽을 수 있을 것이다. 거꾸로 사업이 진입장벽이 낮고, 특히 비용이나 효율이 급속하게 발전하는 중이라면, 하락하는 비용과 효율을 어떻게 이용할지 판단해야 한다. 시장이 성장하면서 비용과 효율이 충분히 하락하여 기존의 선발업체와 대비하여 차별화된 경쟁력이 생기는 시점을 노리는 것이 선도적으로 시장에 진입하는 퍼스트무버가 되는 것보다 나을 수 있다. 만약 이러한 두 시점을 모두 놓쳤다면 기존의 사업모델을 뒤집을 새로운 사업모델을 찾아보는 것이 대안이다. 앞서 본문에서 살펴보았던 네 가지 방법론을 라이프사이클 관점에서 해석해보는 것도 의미가 있을 것이다. 특히 라이프사이클이라는 것은 앞서 네 가지 방법론을 통해 생각해본 사업기회들을 가지고서 어떤 시점에 구현할지 판단하는 좋은 기준이 될 수 있다.

16

사업철수

왜 사업철수가 고민되어야 하는가?

최근 들어 '성장'은 한국의 기업에게 가장 큰 숙제다. 1997년의 IMF 위기 이후로 2002년의 카드대란과 2008년의 전 세계적 금융위기를 거치면서 5년마다 찾아온 위기는 한국 기업들에게 많은 시련을 안겨주었지만, 한국 기업은 슬기롭게 그 위기들을 극복하면서 놀라운 성장을 이루어냈다. 하지만, 최근 전 세계 경제는 과거와 같은 단기적인 침체와는 근본적으로 다른 '저성장'이라는 구조적 변화를 맞이하고 있다. 지난 10년간 전 세계 경제성장을 이끌어 온 중국만 하더라도 과거와 같은 두 자릿수 고성장은 더 이상 꿈꿀 수 없을 것이고, 한국의 GDP성장목표 역시 해가 갈수록 낮아지고 있는 것이 현실이다. 기업의 가장 큰 목표는 경제 가치를 창출하는 것이다. 지속적으로 가치를 창출하기 위해서 기업은 꾸준히 성장해야 한다. 성장은 모든 기업이 안고 있는 가장 큰 화두다. 이전에야 잠시의 위기만 넘겨내고 나면 빠르게 성장하는 전 세계 시장을 바탕으로 웬 만큼은 성장할 수 있었다. 그러나 '저성장'이라는 새로운 경제 환경하에서 지속적인 성장은 이전과는 다른 무게로서 한국 기업들을 압박하고 있다.

사실 저성장이라는 환경이 완전히 새로운 것은 아니다. 모든 일에는 부침이 있기 마련이고, 전체 경제가 아닌 개별 산업에서 본다면 성장기를 마치고 성숙기에 접어드는 일은 지속적으로 벌어져왔다. 기업 입장에서 중요한 것은 어떻게 이러한 상황에서 성장을 만들어 낼 수 있는가다. 보통 성장은 크게 두 가지 방법으로 이루어진다. 첫 번째는 유기적 성장(organic growth), 즉 지금 하고 있는 사업 내에서 내부 역량을 통해 성장하는 방법이고, 두 번째는 비유기적 성장(inorganic growth), 즉 인수합병(M&A)를 통해서 새로운 사업과 역량을 합해 성장을 만들어내는 것이다. 경제가 성장하고, 산업이 성장하는 상황에서라면 유기적인 방법만으로도 충분히 좋은 기회가 있겠지만, 저성장 환경이라면 이야기가 달라진다. 보다 적극적으로 새로운 성장기회를 찾아야 한다. 지금과 같은 저성장 시대에는 인수합병의 중요성이 더욱 높아진다. 실제로 한국 기업도 최근에는 한국 내에서뿐 아니라 해외에서도 적극적으로 인수합병 기회를 찾고 있다. 하지만 새로운 성장동력을 찾는 것만큼이나 반대쪽에서 정체된 기존 사업을 어떻게 처리할 것인가라는 숙제가 중요하게 등장하게 되었다.

사업철수(divestiture; divestment 라고도 한다)는 신사업의 반대 개념으로서 투자한 사업으로부터 어떻게 발을 뺄 것인가 하는 것인데, 여기서는 전체 그룹이나 기업의 완전한 매각이 아니고 특정 사업을 분할 매각하거나 철수하는 것만 좁혀서 논의해보겠다. 간단히 말해서 사업철수는 핵심사업에 집중하기 위해 비핵심사업을 정리하는 사업구조조정이라 할 수 있다.

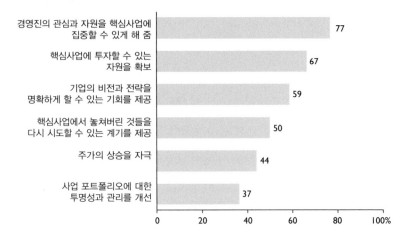

사업철수로부터 얻을 수 있는 효과

항목	값
경영진의 관심과 자원을 핵심사업에 집중할 수 있게 해 줌	77
핵심사업에 투자할 수 있는 자원을 확보	67
기업의 비전과 전략을 명확하게 할 수 있는 기회를 제공	59
핵심사업에서 놓쳐버린 것들을 다시 시도할 수 있는 계기를 제공	50
주가의 상승을 자극	44
사업 포트폴리오에 대한 투명성과 관리를 개선	37

미국의 선도기업을 대상으로 한 베인앤컴퍼니의 조사에 따르면 경영진 77%는 '사업철수를 통해 경영진의 관심과 자원을 핵심사업에 집중하기 위해서'라고 답했고, 67%는 '핵심사업에 투자하기 위한 자원을 마련하려고'라고 답했다. 즉, 사업철수는 핵심사업에 더 주목해서 미래를 준비하기 위한 필수 요건이 되어가고 있다. 특히 유기적 성장의 한계가 명확해진 시대에 사업철수는 보다 적극적으로 다루어져야 하는 전략적 고려사항으로 자리매김했다.

이제 한국 기업도 저성장 시대에 지속적으로 성장을 달성하려면 새로운 성장동력을 만들어내는 동시에 정체된 사업들을 어떻게 처리할 것인지에 대한 고민을 상시적으로 할 필요가 생겼다. 사업철수와 신사업 추진은 전체 사업 포트폴리오를 관리하는 큰 그림 하에서 함께 고민되어야 한다.

신사업과 사업철수의 관계

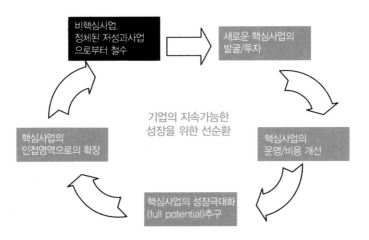

사업철수를 얼마나 중요하게 다루고 있는가?

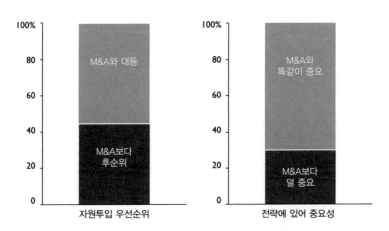

　　실제로 미국 선도기업의 경영진을 대상으로 한 베인의 연구에서는 70%
의 기업이 사업철수의 전략적 중요도를 신사업 추진을 위한 인수합병과 대등하게 놓고 있으며, 인력 등 자원 투입 면에서도 50% 이상의 기업들이 동등한 수준으로 공을 들이고 있다.

사업철수는 적극적인 관점에서 고민되어야

세계에서 가장 성공적인 기업 중 하나로 손꼽히는 GE는, 신사업 추진과 사업철수의 선순환을 가장 잘 활용한 사례로 볼 수 있다. 잘 알려져 있다시 피, 1등이나 2등이 아닌 사업은 모두 팔고 지속적인 인수합병을 통해 변신을 거듭해 온 GE는 사업철수를 가장 적극적으로 활용한 좋은 예다. 성공적인 사업철수는 사업을 좋은 조건에 '파는' 것으로 이해해야 한다. 특히 저성장 시대에는 언제 팔 것인가는 매우 중요한 문제다. 저성장 산업을 조사

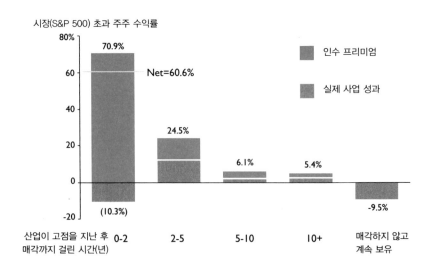

저성장 산업에서의 사업철수 시점에 따른 주주가치 변화

한 베인앤컴퍼니의 연구는 매각 시점에 대한 중요성을 잘 보여준다.

즉 산업이 고점을 찍고 저성장에 접어든 상황에서는 빨리 매각이 이루어질수록 사업철수에서 얻을 수 있는 수익이 크다는 것이다. 반대로 매각을 하지 않고 그냥 사업을 유지하였던 기업의 경우, 주주가치가 오히려 훼손되었다.

지금까지의 고성장시대에서야 특별히 경쟁력이 있고, 잘하는 사업이 아니라고 해도, 그냥 시장만큼만 성장을 유지해주면 크게 문제될 것이 없었다. 하지만 저성장시대에는 이러한 시각은 근본적으로 변화되어야 한다. 사업과 이미 지나가버린 성장에 대한 미련은 결국 회사의 가치를 깎아 먹는다. 보다 적극적인 관점에서 사업을 버려야 할 때가 언제인지, 새로운 사업에 투자해야 할 때가 언제인지를 항상 관측하고 준비하고 있어야 한다.

사업철수에서의 실패는 보통 사업철수를 '파는' 것이 아닌 '버리는' 것으로 보는 시각에서 온다. 엄청난 위기가 오거나, 실패가 확실해지지 않은 한 현재 보유한 사업을 철수하는 건 고려대상이 아닌 경우가 대부분이다. 새롭게 투자하기 위한 재원으로서 사업철수를 시도하는 경우에도, '사야 하는' 것이 확실해지고 나서야 사업철수를 고민한다. 하지만, 저성장 시대에서의 사업철수는 이렇게 수동적이 아닌 능동적으로 접근해야 한다. '지금 이 사업을 그대로 유지하는 것과 철수하는 것 중에서 무엇이 나을 것인지'라는 단순하지만 절대적인 기준을 통해 상시적으로 사업 포트폴리오를 판단하고, 이를 바탕으로 성장전략을 고민하는 것은 특히 지금과 같은 저성장 시대에 새로운 차원의 성장을 가능하게 해줄 것이다.

성공적인 사업철수를 통한 성장, 제너럴다이내믹스 사례

저성장산업은 사실 항상 있어 왔다. 대표적인 것이 군수산업이다. 1980
년대 후반 냉전이 마무리되면서 미국의 대표적인 성장산업이었던 군수산
업은 급격한 침체에 빠진다. 1986년 1,280억 달러(약 140조 원)에 달하던 미
국방부의 구매액은 1996년에는 490억 달러(약 55조 원)으로 연 -9%의 급격
한 침체를 겪었다. 이러한 시장의 변화에서 대부분의 미국 군수업체들은
큰 침체를 겪었으나, 제너럴다이내믹스(General Dynamics)는 선제적인 사업
철수를 통해 현금을 확보하고, 이후 침체된 시장에서 매력적인 사업들을
골라 인수합병함으로써 위기를 기회로 활용해냈다.

제너럴 다이내믹스 매출 변화

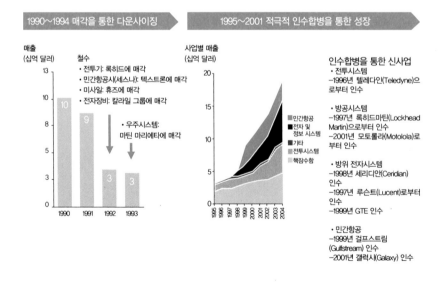

제너럴다이내믹스는 국방비 감액이 시작되는 것을 감지하고, 공격적인 사업철수를 남들보다 한 발 앞서 실행에 옮겼다. 그 결과 1990년 100억 달러(10조 원)에 달하던 매출이 1992년에는 불과 36억 달러(4조 원)로 감소했다. 이후 침체된 시장에서 제너럴다이내믹스는 이번에는 전략을 180도 전환하여 그동안 축적된 자금을 가지고 1996년부터 공격적인 인수합병에 나섰고, 군수시장의 통폐합을 주도하면서 불과 10년 만에 매출을 6배 이상 늘어나 2000억 달러 이상으로 키워냈고, 가장 성공적인 군수업체로 자리 매김하게 된다. 한 가지 더 주목할 것은 제너럴다이내믹스가 흔히들 생각하는 완전히 새로운 신사업으로 진입하기 위해 다른 사업을 철수한 것이 아니라는 점이다. 제너럴다이내믹스는 이전에도 이후에도 군수업체로 남아 있다. 다만, 저성장 초기에 비싼 가격을 받고 사업들을 정리하여 자금을 확보한 후, 저성장이 본격화되어 경쟁업체들이 싼 가격에 매물로 나왔을 때 다시 이를 사들임으로써 효과적인 성장을 이루어냈다는 점에 주목할 필요가 있다. 이러한 제너럴다이내믹스의 성공 사례는 저성장 시대에 사용할 수 있는, 성장을 위한 핵심전략으로서의 사업철수에 대해 많은 생각을 하게 해준다.

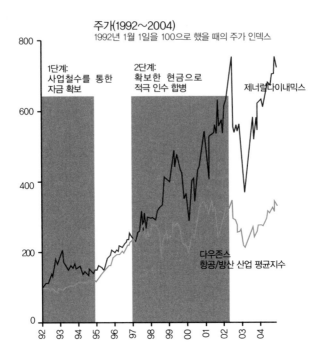

제너럴다이내믹스의 성과

주가(1992~2004)
1992년 1월 1일을 100으로 했을 때의 주가 인덱스

	1991*	2004	성장
매출	32억 달러	192억 달러	6×
영업이익	2억1천만 달러	19억 달러	9×
시각총액	17억 달러	215억 달러	13×
주가	9.9달러	97.4달러	10×

10년 평균 수익률 20%

*매각이 이루어진 사업을 제외한 기준

사업철수는 어떻게 이루어져야 하는가?

사업철수는 크게 세 단계로 이루어진다.

첫 번째 단계 : 사업철수 대상의 결정

기본적으로 핵심사업에서는 집중적인 투자를 통해 성장과 수익을 실현해야 하고, 반대로 시장매력도도 낮고, 자체 경쟁력도 낮은 비핵심사업에서는 능동적인 사업철수를 통해 향후 투자를 위한 자원을 확보해야 한다. 그런데 문제는 시장의 미래 전망은 밝으나 우리의 역량은 부족한 유망사업과 이미 성장은 끝난 성숙시장에 속해 있으나 우리가 이미 선도지위를 확보한 성숙사업 간의 고민이다. 특히나 한국에서는 추가적인 투자를 위해 자원 확보하려는 것보다는 어쩔 수 없는 재무적 위기상황에서 생존 자금을 구해야 하는 경우에 사업철수를 고려하는 경우가 많은데, 이때 유망사업과 성숙사업 중에서 어떤 것을 버릴 것인지 경영진은 많은 고민을 하게 된다.

사업 포트폴리오 의사결정을 위한 2X2 매트릭스

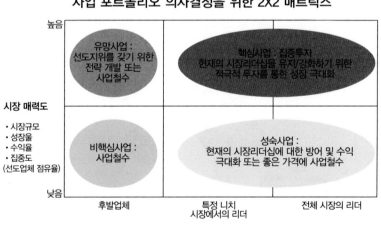

유망사업의 사업철수 사례로는 새로운 이동통신 시장에 진입했다가 이를 매각하고 철수한 포스코의 신세기통신이 좋은 예가 될 것이고, 반대로 성숙사업의 예로는 세계 PC시장의 선도업체였으나 이를 완전히 매각하고 소프트웨어 및 IT사업자로 변신한 IBM이 좋은 예가 될 것이다.

가장 확실한 기준은 과연 내가 갖고 있을 때의 가치와 남이 갖고 있을 때의 가치를 갖고 사업을 평가하는 것이다. 즉 이 사업의 미래를 위해 가장 좋은 부모가 누구냐라는 '좋은 부모(Best parent)' 평가는 사업철수를 결정하는 가장 근본적이고 궁극적인 판단기준이다.

그 이유는 사업철수의 목적이 재무적인 성과 극대화에 있기 때문이다. 내가 갖고 있는 것이 더 좋은 사업이라면 매각 시에 받을 수 있는 가격이 내가 생각하는 회사 가치보다 낮을 가능성이 높고, 반대로 내가 갖고 있는 것보다 남이 운영하는 것이 더 낫다면 당연히 상대방은 이 회사를 더 비싸게 주고라도 살 것이다.

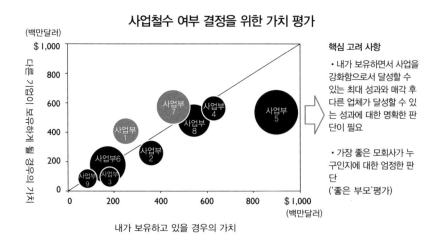

사업철수 여부 결정을 위한 가치 평가

앞서 예를 든 신세기 통신의 경우, 포스코가 부모인 상황에서는 시장에서 4위 업체에 지나지 않았지만, 선도업체인 SK텔레콤이 이를 인수함으로써 50%가 넘는 시장점유율을 확보하여 확고한 선도지위와 함께 높은 수익을 거둘 수 있었다. 이런 상황이라면 당연히 인수자도 후하게 가격을 쳐줄 수 있다.

여기서 한 가지 반드시 짚고 넘어가야 하는 것은 항상 사업철수가 중요한 전략의 한 축으로 고려되어야 한다는 점이다. 그룹 단위에서건 기업 단위에서건 보유하고 있는 다양한 사업 영역 중에서 앞으로의 성장을 위한 핵심사업이 무엇인지를 명확히 하고, 사업의 우선순위를 정하는 것이 전략의 시작점이다. 마찬가지로 자원 효율의 극대화 측면에서 어떤 사업을 철수할 것이냐는 고려도 동시에 이루어져야 한다. 대부분의 기업이 무엇인가를 버려야만 하는 시점이 되어야 고민을 시작하는 경우가 많고, 이는 결국 좋은 철수 결정이 나기 어려운 상황이 되기 십상이다. 돈이 급해서 사업을 매각해야 하는 경우, 핵심사업 외에는 매각할 수 있는 선택의 여지가 없는 경우도 많다. 그리고 쫓기는 상황임이 알려졌다면 돈을 잘 받을 수 있을 리가 없다. 헐값에 핵심사업을 매각할 수밖에 없는 아픔을 이미 우리는 IMF와 금융위기 때마다 보아 왔다. 따라서 핵심사업을 잘 유지하기 위해서라도 사업철수는 상시적인 전략의 일환으로서 고민해야 한다. 실제 베인앤컴퍼니의 조사에 따르면 많은 선도기업들이 일상적인 전략기획 프로세스의 일환으로서 사업철수를 고민하고 있으며, 이를 담당하는 것도 상시적인 전략기획이나 사업개발 조직이었다.

두 번째 단계 : 사업철수 시기에 대한 결정

포트폴리오에서 사업철수 대상이 결정되고 나면 언제 어떻게 팔 것인가를 고려해야 한다. 철수 대상은 결국 선도지위가 아닌 후발사업인 경우가 많은데, 앞서 설명한 '좋은 부모' 평가가 답을 줄 수 있다. 즉 내가 이 사업을 키우는 것과 다른 회사가 키우는 것 중 누가 더 이 회사를 잘 키울 수 있겠느냐는 것을 기준으로 구체적인 매각 대상과 시점을 결정하게 된다. 만약 내가 지금 보유한 자원 등을 고려하여 당분간은 조금 더 좋은 부모가 될수 있다면 지금보다는 나중에 매각을 고려하는 것도 방법이다.

구체적인 매각 시점을 결정할 때는 크게 네 가지 질문에 맞춰 의사결정하고 그에 맞는 준비 작업을 시작하게 된다.

매각 시점을 결정하기 위한 네 가지 질문

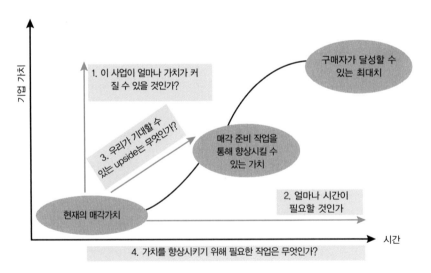

세 번째 단계 : 사업철수 진행

이렇게 하여 철수를 결정하고 나면, 구체적인 추진이 이루어져야 한다. 사업철수 준비는 매각 가치를 극대화하기 위한 것이며 크게 다섯 가지 부분에서 이루어지게 된다.

사업철수를 위한 다섯 가지 작업

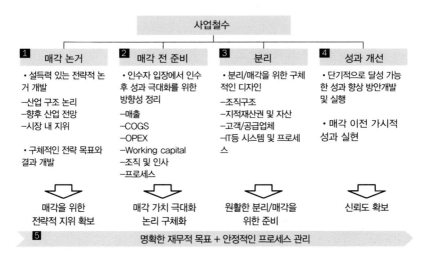

특히, 사전에 왜 이 사업을 매각해야 하는지, 그리고 이 사업을 인수하는 모회사에는 어떠한 가치가 있는 것인지에 대한 논리를 개발해 두는 건 성공적인 매각을 하기 위한 핵심 사항이다. 이를 통해 인수 후보자의 일차적인 탐색까지 이루어진다. 중요한 것은 합리적인 목표 설정에 있다. 인수합병과 매각은 동전의 양면과 같다. 내가 팔고자 하는 사업이 상대방에게 사고 싶은 사업이 되기 위한 명확한 논리와 근거를 개발하고, 이를 효과적으

로 설득할 수 있어야 한다. 그리고 그 과정에서 필요한 것은 명확하면서도 합리적 수준의 재무 목표를 설정하는 것이다. 윈-윈이 이루어질 수 있는 매각 금액을 명확히 이해하고 사전에 정해두는 것은 성공적인 딜을 위한 필요충분조건이다.

사고방식의 전환이 필요하다.

지금까지 한국에서 사업 매각은 어쩔 수 없이 벌어지는 패배의 증거처럼 받아들여져 왔다. 더구나 매출과 자산규모로 결정되는 재계 순위는 구조조정이나 매각이 경영진의 실패를 말해주는 것으로 보이게끔 했다. 하지만, 선진국에서는 이미 사업철수를 미래의 성장동력을 확보하기 위한 중요한 전략적 수단으로서 적극적으로 활용해 왔다. 특히나 저성장 시대를 진입하는 상황에서 사업철수는 새로운 핵심사업에 투자하기 위한 첫 단추로서 받아들일 필요가 있다. 이제 인수합병과 동시에 사업철수도 신사업을 하기 위한 중요한 전략적 수단으로서 이해되어야 한다.

세상에 모든 일을 잘할 수는 없는 법이지만, 한국 그룹들은 너무도 많은 사업을 추진하고 있다. 한국 경제가 세계 경제와 함께 쑥쑥 커나가던 과거에는 이러한 다각화 전략은 다양한 산업의 성장 과실을 영위하는 좋은 전략이었다. 하지만 저성장 시대에서 이러한 다각화 전략은 그룹 차원뿐 아니라 개별 사업 단위에서도 본질적으로 갖고 있는 잠재력을 깎아먹을 뿐이다. 객관적인 눈으로 이 사업에 더 좋은 부모가 없을 것인지를 명확히 판단하고, 이를 적절히 매각하는 것은 다른 사업을 위한 기반 확보하려면 반드시 필요하다. 핵심사업에 대한 명확한 전략과 함께, 이에 집중하기 위한 방법으로서의 사업철수에 대해 보다 적극적인 자세가 요구되는 시점이다.

17

동적인 포트폴리오
관리의 중요성

15장에서는 라이프 사이클 관점에서 사업기회를 어떻게 이해할 것인가를 생각해 보았고, 16장에서는 반대로 기존 사업으로부터 철수하는 일에 대해서 생각해 보았다. 여기서 살펴보고자 하는 것은 포트폴리오 관점에서 이러한 것들을 어떻게 조합하여 종합적인 그림을 그릴 수 있을 것인가 하는 것이다.

여기서 특히 강조하고 싶은 것은 타이밍이다. 특히 한국의 많은 기업이 특정한 시점을 기준으로, 프로젝트로서 신사업과 포트폴리오를 고민하기 때문에 문제가 생기는 경우가 많다. 3개월간의 노력으로 아무리 매력적인 사업기회를 찾았다고 해도, 바로 지금이 그 사업에 진입하기 위한 최적의 타이밍인 것은 아니다. 조금 더 기다려 보는 것이 좋을 수도 있고, 아니면 아쉽지만 약간의 차이로 그 타이밍을 놓쳤을 수도 있다. 또 16장에서 지적한 것이지만, 사업철수 역시 타이밍이 매우 중요하다.

따라서 포트폴리오는 동적으로 관리되어야 한다. 지금 사업을 매각해서 돈이 있기 때문에 신사업을 찾는 것이 아니어야 하고, 지금 신사업을 시작해야 하는데 돈이 없어서 사업을 매각하는 것도 아니어야 한다. 지금 사업을 철수하기에 가장 좋은 타이밍이라면 딱히 쓸 곳이 없더라도 사업을 매각하는 것이 낫고, 지금 돈이 있어도 라이프사이클상 2~3년 뒤가 맞을 것 같다면, 그걸 기다리는 게 맞다. 바로 이것이 상시적인 포트폴리오 관리를 고민해야 하는 이유다. 3년에 한 번 사업을 점검하고, 그 시점에서 버릴 사업, 새로 인수할 사업을 고민하는 것이 아니고, 항상 시장의 트렌드를 읽으면서 최적의 타이밍에 진입해야 할 사업 리스트를 챙겨두고 있어야 하고, 사업이 성숙기에 가까워져 가면 언제 버려야 할지를 미리미리 준비해야 한다.

앞에서도 이야기했지만, 이 책은 결국 산업이 어떻게 변화할지를 예상하고 준비하기 위한 것이다. 여기서의 논의들이 한국 기업이 앞으로 보다 적극적으로 신사업을 준비하고, 성장을 위한 준비를 상시적으로 할 수 있는 시작점이 되기를 기대한다.

처음북스 북클럽에 가입하세요

처음북스 북클럽(cafe.naver.com/leadersbookclub)에 가입하시면 다양한 할인혜택과 더불어 처음북스 책 제작에 직접 참여할 수 있습니다.

독자, 저자, 편집자, 번역자, 디자이너, 출판기획자, 출판마케터가 모두 어울려 즐겁게 뛰어노는 곳으로 초대합니다.

처음북스 북클럽

이 책을 선택한 분에게 추천하는
처음북스의 경제경영서 시리즈

| 경영 혁신 |

실행이 전략이다

지은이 로라 스택 | 옮긴이 이선경

전략만 세우다가 기회를 놓치지는 않는가? 효율적인 전략을 '즉시' 실행에 옮길 수 있는 효과적인 방법을 제시한다.

패러독스의 힘

지은이 데보라 슈로더-사울니어 | 옮긴이 임혜진

안정과 변화 중 무엇을 선택할 것인가?
안정과 변화 둘 다 선택하면 안 되는 것일까?
두 가지를 모두 선택할 수 있는 '패러독스의 힘'을 알려준다

당신은 혁신가입니까

지은이 아담 브라이언트 | 옮긴이 유보라

현재 미국 기업가에서 가장 주목받고 있는 CEO들에게 어떻게 창조와 혁신이 살아 숨쉬는 기업 문화를 만들어냈는지 그 비법을 들어본다.

치열하게 읽고 다르게 경영하라

지은이 안유석

진정한 독서 경영이란 무엇인지를 알려준다.
길이 남을 경영서에서 우리는 어떤 정수를 자기 것으로 만들어야 하는가.

나는 즐거움 주식회사에 다닌다

지은이 리차드 셰리단 | 옮긴이 강찬구

당신이라면 일을 맡길 때 수익을 추구하는 사람에게 맡기겠는가 즐거움을 추구하는 사람에게 맡기겠는가? 즐거운 일이 목표인 회사를 만나보자.

| 조직 경영 |

해피 워크

지은이 **질 가이슬러** | 옮긴이 **김민석**

그것 알고 있는가? 직장을 관두는 최고의 원인이 바로 상사인 것을.
행복한 직장은 직장 상사로 통한다. 어떤 상사가 되어야 할 것인가.

존중하라

지은이 **폴 마르시아노** | 옮긴이 **이세현**

존중받는 직원이 일을 즐긴다.
존중받는 직원이 되고 싶은가? 이 책을 읽어라.

| 업무 효율 |

적게 일하고도 많이 성취하는 사람의 비밀

지은이 **로라 스택** | 옮긴이 **조미라**

칼 퇴근하면서도 야근하는 사람보다 일 잘하는 방법.
더 적게 일하는 것이 낫다. 그러면 일을 더 잘하고 집중력을 높일 수 있다.

린 토크

지은이 **앨런 파머** | 옮긴이 **문지혜**

예의를 지키면서도 빠르게 문제의 본질에 접근하는 대화법이 있다.
예의 바르게 그러나 할 말은 모두 하라.

즉흥 설득의 기술

지은이 **스티브 야스트로우** | 옮긴이 **정희연**

식상한 영업 멘트 때문에 고객은 지쳤다. 설득은 번지르르한 영업멘트가 아니라 경청과 즉흥적인 대화로 이루어질 수 있다.

말하지 말고 표현하라

지은이 **박형욱**

상대방의 마음을 움직이는 건 진심의 목소리다. 말 잘하기 훈련법은 많다. 하지만 진정한 자신을 표현하는 훈련법은 없다.
말솜씨가 아니라 진정한 마음을 담은 한두 마디가 중요하다.

긍정으로 리드하라

지은이 **캐서린 크래머** | 옮긴이 **송유진**

'만약'을 '현실'로 바꾸는 방법. 말과 행동을 긍정적으로 바꿀 때 더 멀리, 더 빠르게 갈 수 있다.